PIRATAS Y BUCANEROS

Los Mitos, Verdades e Historias detrás de estos Temidos Personajes

KEITH FISCHER

© Copyright 2021 – Keith Fischer - Todos los derechos reservados.

Este documento está orientado a proporcionar información exacta y confiable con respecto al tema tratado. La publicación se vende con la idea de que el editor no tiene la obligación de prestar servicios oficialmente autorizados o de otro modo calificados. Si es necesario un consejo legal o profesional, se debe consultar con un individuo practicado en la profesión.

- Tomado de una Declaración de Principios que fue aceptada y aprobada por unanimidad por un Comité del Colegio de Abogados de Estados Unidos y un Comité de Editores y Asociaciones.

De ninguna manera es legal reproducir, duplicar o transmitir cualquier parte de este documento en forma electrónica o impresa.

La grabación de esta publicación está estrictamente prohibida y no se permite el almacenamiento de este documento a menos que cuente con el permiso por escrito del editor. Todos los derechos reservados.

La información provista en este documento es considerada veraz y coherente, en el sentido de que cualquier responsabilidad, en términos de falta de atención o de otro tipo, por el uso o abuso de cualquier política, proceso o dirección contenida en el mismo, es responsabilidad absoluta y exclusiva del lector receptor. Bajo ninguna circunstancia se responsabilizará legalmente al editor por cualquier reparación, daño o pérdida monetaria como consecuencia de la información contenida en este documento, ya sea directa o indirectamente.

Los autores respectivos poseen todos los derechos de autor que no pertenecen al editor.

La información contenida en este documento se ofrece únicamente con fines informativos, y es universal como tal. La presentación de la información se realiza sin contrato y sin ningún tipo de garantía endosada.

El uso de marcas comerciales en este documento carece de consentimiento, y la publicación de la marca comercial no tiene ni el permiso ni el respaldo del propietario de la misma.

Todas las marcas comerciales dentro de este libro se usan solo para fines de aclaración y pertenecen a sus propietarios, quienes no están relacionados con este documento.

Índice

Introducción   vii

1. Porque algún cuerpo debe ser golpeado   1
   - La Violencia Pirata
2. Datos relevantes para conocer a fondo a un pirata   23
3. Falsa óptica y Barbanegra el pirata   37
4. Barcos y presas piratas   77
5. Más allá de la vista al horizonte   99
6. Una historia para recordar   113

Conclusión   163

Introducción

Para sus admiradores, los piratas son villanos románticos: hombres temibles dispuestos a forjar una vida más allá del alcance de la ley y el gobierno, liberados de sus trabajos y las limitaciones de la sociedad para perseguir la riqueza, la alegría y la aventura.

Han pasado tres siglos desde que desaparecieron de los mares, pero los piratas de la Edad de Oro siguen siendo héroes populares y sus seguidores son legión. Han sido modelos para algunos de los más grandes personajes de la ficción, el Capitán Garfio y Long John Silver, el Capitán Blood y Jack Sparrow, evocando imágenes de peleas de espadas, caminatas sobre tablas, mapas del tesoro y cofres de oro y joyas.

Introducción

Atrayentes como sus leyendas son particularmente mejoradas por Robert Louis Stevenson y Walt Disney: la verdadera historia de los piratas del Caribe es aún más cautivadora: una historia perdida de tiranía y resistencia, una revuelta marítima que sacudió los cimientos mismos del Imperio Británico recién formado, paralizando el comercio transatlántico y alimentando los sentimientos democráticos que luego impulsarían la revolución estadounidense. En su centro estaba una república pirata, una zona de libertad en medio de una época autoritaria.

La Edad de Oro de la Piratería duró sólo diez años, de 1715 a 1725, y fue dirigida por una camarilla de veinte a treinta piratas comodoro y unos pocos miles de tripulantes. Prácticamente todos los comodines se conocían entre sí, habiendo servido codo a codo a bordo de barcos mercantes o piratas o se habían cruzado en su base compartida, la fallida colonia británica de las Bahamas. Si bien la mayoría de los piratas eran ingleses o irlandeses, había un gran número de escoceses, franceses y africanos, así como un puñado de otras nacionalidades: holandeses, daneses, suecos y nativos americanos. A pesar de las diferencias de nación, raza, religión e incluso idioma, forjaron una cultura común. Cuando se reunían en el mar, los barcos piratas solían unir fuerzas y ayudarse unos a otros, incluso cuando

Introducción

una tripulación era mayoritariamente francesa y la otra estaba dominada por sus enemigos tradicionales, los ingleses.

Dirigían sus barcos de manera democrática, eligiendo y destituyendo a sus capitanes por voto popular, compartiendo el saqueo por igual y tomando decisiones importantes en un consejo abierto, todo en marcado contraste con los regímenes dictatoriales vigentes a bordo de otros barcos. A su vez, cuando los marineros ordinarios no recibieron protección social de ningún tipo, los piratas de las Bahamas proporcionaron beneficios por discapacidad a sus tripulantes. Los piratas existen desde hace mucho tiempo.

La intención de este libro es proporcionar las herramientas necesarias para los aficionados a los piratas, para que logren navegar por las aguas de los viejos tiempos, sentir las experiencias como si fueran propias y lograr exponer de mejor manera la imagen que estos personajes representan históricamente.

1

Porque algún cuerpo debe ser golpeado - La Violencia Pirata

La cabeza de la muerte y los huesos de la médula

Los piratas -y eran piratas, aunque fingieran lo contrario- sabían que no podían esperar eternamente. Era casi demasiado tarde, habían pasado casi tres horas después de la medianoche. En un par de horas más, el sol comenzaría a salir y con él la población local. Peor aún, el sol estaría en los ojos de los filibusteros, por lo que es más difícil abrirse paso, incluso cuando les resultaba más fácil ser vistos desde la costa. ser vistos desde la orilla. Y si eran vistos tan pronto, no tendrían oportunidad de saquear el campo de las provisiones desesperadamente necesarias o de capturar prisioneros para guiar su camino y servir como rehenes.

. . .

Indecisos habían esperado en sus varias canoas, y demasiado tiempo, estos hombres que normalmente sabían cuándo era prudente dudar y cuándo era prudente aprovechar el momento. Eran setenta en total, casi todos de extracción europea, en su mayoría franceses, excepto por la media docena de africanos. A lo lejos, detrás de ellos, se encontraba su barco, un pequeño rosario de construcción holandesa o flauta pequeña conocida por los españoles como urqueta, llamada La Chavale (El Caballo, la Yegua), antes conocida como el "Saint-Nicolas de Vlissingen", con los hombres suficientes a bordo para manejar las velas. Inmediatamente las olas rompían a lo largo de la barra del río. Era una travesía peligrosa incluso en las mejores circunstancias, y estos hombres en sus pequeñas canoas tuvieron que hacerlo en la oscuridad de la madrugada del 4 de diciembre de 1688.

Habían estado mucho tiempo fuera de casa, navegando rabiosamente por una parte del Caribe Español que rara vez es tocado por los piratas del Caribe. Estrictamente hablando, estos intrusos indomables eran filibusteros, el equivalente francés de los bucaneros los bucaneros ingleses, hombres que navegaban bajo sus propias reglas y se movían entre la entre el corsarismo legítimo, la piratería pura y dura, y la zona turbia entre ambos.

Desde el Caribe, estos ladrones marítimos habían zarpado en julio de 1686, en su pequeña embarcación de cien toneladas y seis cañones, habiendo escapado por primera vez a duras penas de ser capturados en la Bahía de Samaná, La Española, a finales de junio por el HMS Falcon y el HMS Drake, un par de hombres de guerra ingleses que machacaron a su pretendido consorte de treinta y seis cañones, el Golden Fleece.

Al mando de Joseph Banister, un capitán de navío endeudado que se convirtió en audaz pirata (realizó una audaz huida nocturna bajo los cañones de Port Royal en enero de 1685, recibiendo sólo tres disparos en el casco), quedó tan dañado que su capitán lo quemó y luego, junto con algunos de sus tripulantes, zarpó con estos franceses.

Pronto capturaron un pequeño barco español. Banister y sus hombres se separaron de la compañía a bordo del premio y navegaron hacia la costa de Mosquito, sólo para ser pronto capturados y entregados a Port Royal de forma sorprendente por el capitán y la tripulación del HMS Drake.

Como dijo el gobernador de Jamaica, "el capitán Spragge regresó a Port Royal, habiendo tenido éxito en la tarea que le asigné, con el capitán Banister y tres de sus consortes colgados en su patio, un espectáculo de gran satisfacción para toda la gente buena y de terror para los partidarios de los piratas, siendo la forma de su castigo la que más desalentará a otros, que fue la razón por la que autoricé al capitán Spragge a infligirlo".

Desde La Española, los piratas franceses navegaron hasta Nueva York y luego hacia Brasil y África, donde justo al sur del ecuador apenas escaparon con vida de un combate con un buque inglés de las Indias Orientales de cincuenta a sesenta cañones que los golpeó sin piedad, dejando a muchos piratas muertos y a la mayoría de ellos heridos. En la costa de África, los piratas repararon su barco y atendieron a sus heridos. Poco después, navegaron primero hacia la costa de Brasil y luego hacia el sur, hacia el estrecho de Magallanes y el Mar del Sur.

. . .

Quién los comandaba ha sido objeto de algunas especulaciones y, como descubriremos, su identidad podría darnos alguna idea sobre las banderas piratas. Para los españoles del Mar del Sur, era generalmente conocido como un holandés o flamenco, posiblemente francés, llamado Francisco Franco. Esta es seguramente la hispanización del holandés Frans Franco o del francés Francis François.

Sin embargo, no hay otros registros de un filibustero con este nombre.

Por lo tanto, podría ser tentador esperar que fuera el veterano filibustero Pierre Lagarde, que había pasado tres años como intendente del famoso Sieur de Grammont a bordo del Hardy, antes el Saint Nicolas, el barco del famoso Nicolas Van Horn, quien se batió en duelo con el aún más famoso Laurens de Graff. Después de todo, Lagarde y Banister, cuyo barco fue destruido en Samaná, habían estado juntos en Île-à-Vache (Isla de Vaches) no más de dos meses antes de que estos piratas franceses llegaran a Samaná. Lagarde, al mando de su "fregattela", pequeña fragata, llamada La Subtile, también se encontraba en Île-à-Vache unos meses antes, con la esperanza de navegar hacia el Mar del Sur y unirse a los franceses que ya estaban allí. Desgraciadamente, Lagarde prestó declaración en Martinica en enero de 1687, al mismo tiempo que los piratas franceses se dirigían de Terranova a Brasil.

Para descubrir quién pudo ser realmente Franco, empezamos por examinar detenidamente el diario de a bordo, muy detallado. De la escritura se desprende que el autor fue el francés François Massertie, aunque sólo se identifica como tal muy al final del viaje. ¿Podría ser el capitán? Francisco Franco podría ser un doble juego de palabras con François. Sin embargo, si Massertie era el capitán, sólo mandó después de que el capitán original y algunos miembros de la tripulación partieran por su cuenta en una barca capturada. Este hombre, que sin duda mandaba en Acaponeta, fue muy probablemente depuesto por votación de la tripulación, y, en lugar de servir en calidad de común, eligió zarpar por su cuenta, junto con ocho de sus más leales seguidores, un acto bastante audaz para nueve hombres que salieron a navegar en una pequeña embarcación en un océano español.

¿Quién más podría haber tomado el nombre de guerra de Francisco Franco? François Le Sage (o Lesage) es un candidato probable. Fue otro famoso filibustero holandés.

Dos años antes intentó navegar hacia el Mar del Sur, como se conocía entonces al Pacífico, pero fue rechazado por el clima y asaltó barcos de esclavos en la costa africana de Guinea. Sin embargo, parece que el despiadado Le Sage no estaba al mando del viaje al Mar del Sur, ya que se cree que estaba al servicio de la Compagnie de l'Orient en ese momento. No obstante, es posible que parte de su tripulación deseara volver a intentar el Mar del Sur.

Y, efectivamente, existe una conexión con Le Sage: varios estudiosos franceses creen que el capitán era el famoso Michel Andresson, un filibustero holandés o francés conocido comúnmente como "Capitán Michel", que navegaba con el nombre falso de Guillaume Mimbrat tras ser acusado de piratería. El gobernador de Saint Domingue, Pierre-Paul Tarin de Cussy, había confiscado su barco, La Mutine, antes La Paz, capturado frente a Cartagena en 1683, y Andresson, junto con muchos de sus antiguos tripulantes, se unió a Le Sage en su intento de navegar hacia el Mar del Sur. Tras capturar varios premios holandeses en la costa africana, Andresson y sus seguidores regresaron al Caribe a bordo de uno de ellos.

. . .

Los bucaneros solían utilizar nombres falsos, y tal vez Andresson se hizo pasar por Francisco Franco antes de ser destituido y zarpar con ocho seguidores, cruzando finalmente el Pacífico y navegando por el Mar de China Meridional hasta Siam (Tailandia).

Andresson es un candidato ideal. Capitán audaz y experimentado, participó en el saqueo de Veracruz en 1683, estaba con Laurens de Graff cuando los filibusteros franceses bajo su mando capturaron tres barcos españoles enviados a capturarlos frente a Cartagena ese mismo año, y un año después saqueó dos ricos barcos holandeses frente a La Habana, Cuba. Un capitán de estas características debía estar bastante familiarizado con las convenciones y tácticas de los bucaneros y filibusteros, incluido el uso de banderas en el mar y en tierra.

Bajo el mando de Franco, quienquiera que fuera, pero supondremos razonablemente que era el famoso Michel Andresson, estos peligrosos hombres se lamieron las heridas y luego navegaron alrededor del Cabo de Hornos y hacia el Mar del Sur.

Ahora navegaron hacia el norte, a veces saqueando, a veces escapando por los pelos de las valientes tripulaciones de los hombres de guerra españoles, hasta La Paz en el Golfo de California, donde hicieron una base de invierno y tradujeron su nombre como Port de Paix (Puerto de la Paz), quizás también por el puerto francés del mismo nombre en la costa norte de La Española frente a la isla de Tortuga.

Y ahora yacían ante las rompientes en la barra poco profunda antes del río Acaponeta, a casi doscientas millas al sur del Golfo de California en la costa mexicana.

Es probable que algunos de los filibusteros se marearan y se pusieran en seco sobre las bordas de las canoas, ya que nada es comparable a un pequeño barco o canoa en un oleaje para causar esta enfermedad, e incluso los marineros de esta época eran conocidos por marearse a veces, especialmente en barcos pequeños a la deriva en un mar corto y agitado. Teniendo en cuenta las rompientes y la llegada del amanecer, el capitán Franco no podía esperar eternamente. O como dijo

Massertie: "Donde hay necesidad, nunca hay demasiado riesgo".

Franco dio la orden, y con la palabra de mando que fue pasada de canoa en canoa, los filibusteros pusieron la espalda en sus remos o palas, las canoas usadas por los piratas y otros anglos europeos solían ser de remo, no de pala, a no ser que fueran muy pequeñas, y acariciaron hacia la barra, apuntando a zonas donde no se viera la espuma blanca de las olas rompiendo. Por supuesto, a menudo es imposible saber en una noche oscura cuándo puede romper una ola sobre ti, hasta que realmente lo hace. Los brazos de los filibusteros debían estar amarrados dentro de las canoas, y sus cajas de cartuchos bien enceradas para ayudar a impermeabilizarlas.

Pero los dioses de los piratas, estaban de su lado. Este ataque no fracasaría como lo había pasado un año antes. Una canoa tocó la barra, pero se salvó de volcar. No se perdió ningún hombre. Una vez superada la barrera, los filibusteros remaron hasta la laguna de la desembocadura del río y acamparon en una pequeña isla. La noche siguiente remaron tranquilamente río arriba hasta encontrar el camino principal hacia

Acaponeta. Desembarcaron tranquilamente, luego marcharon, los setenta, durante una hora más, y después durmieron hasta una hora antes del amanecer.

Con las armas preparadas, avanzaron, sabiendo bien que pronto se daría la alarma. En una pequeña casa en la oscuridad secuestraron a un hombre y lo obligaron a ser su guía. Una tropa de caballería española pasó rápidamente por allí, sin dejar de verlos. Hizo tanto ruido que los filibusteros no pudieron dejar de oírlos llegar. Avanzaron y tomaron una pequeña ciudad sin resistencia. Los piratas se llevaron al alcalde, a la esposa del capitán principal y a todos los sacerdotes cautivos.

A la mañana siguiente marcharon a Acaponeta, que se encontraba en la carretera que va de la Ciudad de México en el sur a Nuevo México en el norte. El campo estaba alarmado: esto no sería un picnic. En una línea desordenada, los filibusteros subieron por la carretera, con sus prisioneros y tiendas en el centro.

El camino atravesaba una región calurosa, polvorienta y árida, cuya aburrida llanura se veía aliviada por las casas de adobe, las palmeras, los guayabos y los plátanos, y los campos de hierbas, arbustos bajos y plantas de yuca. Los mosquitos se arremolinaban en torno a los filibusteros mientras caminaban, con sus mosquetes bucaneros de largo calibre en la mano.

Al mediodía, trescientos o cuatrocientos españoles armados, todos montados, estaban nerviosos detrás de una colina cercana, quizás más nerviosos que los filibusteros, que habían estado al acecho ante las rompientes de la desembocadura del río. Hace un año habían rechazado a treinta filibusteros cuando intentaban llegar a la orilla. Pero hoy eran setenta y ya estaban en tierra. No sería fácil hacerlos retroceder, y Franco sabía lo que hacía. Pero los españoles también tenían trucos bajo la manga. Su plan era sencillo: cientos de nativos americanos acechaban a lo largo del camino, y cuando emboscaran a los piratas, la caballería cargaría mientras los piratas estaban distraídos. Los piratas serían despedazados.

Pero los filibusteros no eran tontos. Sabían que los nativos americanos estaban allí, y que era el momento de enviarles un mensaje.

Los piratas enrollaron el estandarte blanco de Francia bajo el que marchaban, y en su lugar izaron en alto una bandera roja con una cabeza de muerte en el centro y dos huesos cruzados debajo de la cabeza, en blanco, en medio del rojo.

La bandera significaba que no darían cuartel.

A la orden de Franco, los piratas dispararon salvas de mosquetes contra los pastos donde se escondían los nativos americanos, a los que se les había dado una vaca para que la mataran y un aguardiente para que bebieran como estímulo para la lucha. Las bolas de plomo caliente, que zumbaban junto a las orejas, cortaban las hojas y mataban y herían a los guerreros, dispersaron a los aliados españoles. Al oír la fusilería, la soldadesca española montada se precipitó al camino en medio de una nube de polvo, esperando que los filibusteros hubieran sido atacados por sorpresa; pero cuando se dieron cuenta de su error, echaron el freno y se retiraron, manteniendo la distancia.

El resto del ataque fue anticlimático.

· · ·

La caballería española, probablemente compuesta en su mayoría por milicianos y voluntarios mal entrenados y armados, optó por la discreción en lugar del valor en el campo de batalla. El capitán Franco condujo a sus hombres a Acaponeta sin ser molestados y la mantuvo como rescate, utilizando rehenes, incluido el gobernador, como medio de persuasión adicional. Los españoles les prometieron cien mil piezas de a ocho, de a ochocientos carros de trigo, doscientas cargas de mula de maíz y ochocientas reses saladas. Era un rescate enorme para un lugar tan pequeño. Demasiado enorme, de hecho, los filibusteros deberían haber sospechado. Los españoles, que tampoco eran tontos, demoraron todo lo que pudieron, proporcionando cinco vacas y dos cargas de trigo por día, lo que dio tiempo a que se enviara un pequeño buque de guerra desde Acapulco para atrapar a los piratas con la guardia baja.

Muy pronto, los filibusteros a bordo de La Chevale avistaron una vela desconocida. Los filibusteros arriaron su bandera a media asta y dispararon un cañón, la señal para que los que estaban en tierra regresaran al barco. Rápidamente, Franco y sus hombres volvieron a su pequeña rosa. La vela desconocida se convirtió rápidamente en una española que montaba veintidós cañones y llevaba 143 hombres; los filibusteros llevaban menos de la mitad de cada uno.

Franco sabía que su barco y sus hombres no podrían sobrevivir a una larga paliza de los cañones del español. En su lugar, optó por abordar, una táctica favorecida por los filibusteros franceses.

Después de una tarde y una noche de jugar al gato y al ratón, el día de Año Nuevo de 1689, el timonel acercó a La Chevale, pero justo en el momento en que los filibusteros dispararon su primera andanada, se referían a ella bromeando, como "lanzar una galleta" a los españoles, quizás porque los cañones del barco pirata eran muy pequeños, el viento amainó.

Durante cuatro horas, los barcos estuvieron a la deriva uno junto al otro, cada uno tratando de asfixiar al otro con hierro, fuego y plomo. Tal vez los filibusteros izaron su bandera roja con la calavera y los huesos en alto, con la esperanza de inspirar pavor o incluso terror a la tripulación española.

Pero la tripulación española no parecía tener miedo, aunque sus cañones hicieron poco daño. Los filibusteros bien podrían haber capturado el buque de guerra si hubieran podido ponerse al costado.

En cambio, sólo pudieron seguir la táctica convencional: golpear el casco del español con sus cañones y disparar sus fusiles y cañones giratorios a las puertas del enemigo para mantenerlas cerradas, a cualquier cabeza que apareciera y a las velas y jarcias. Estaban demasiado cerca para apuntar sus cañones a las jarcias.

Finalmente, el oleaje del mar separó los barcos, y cuando se levantó el viento, cada barco se alejó para curar sus heridas y a sus lesionados, aunque los españoles afirmaron que persiguieron a los piratas durante dos días más, y los franceses afirmaron que el barco español huyó.

Las pérdidas de los filibusteros fueron de dos hombres muertos y dieciocho heridos, casi un tercio de su fuerza.

Abandonaron el ataque y planearon nuevas aventuras.

. . .

Estos piratas continuaron su sangriento comercio en el Mar del Sur hasta 1693. Los españoles del Mar del Sur nunca pudieron desalojarlos.

El estandarte rojo que la tripulación del filibustero enarboló en Acaponeta, y que bien pudo haber ondeado en su lucha con el buque de guerra español, es el primer caso conocido de piratas del Siglo de Oro de origen europeo que enarbolan la famosa calavera y las tibias cruzadas. Es importante destacar que la cabeza y las tibias cruzadas de esta muerte se representaban sobre un campo rojo, no negro. Y, a diferencia de la famosa bandera negra de los piratas, esta bandera roja estaba pensada como una advertencia de "no cuartel", no como la primera advertencia de rendición, en la que los piratas solían utilizar la calavera y los huesos. Los piratas franceses eran especialmente aficionados a la bandera roja de no dar cuartel, y la utilizaban a menudo.

¿Podemos suponer que el uso de la calavera y los huesos cruzados en la bandera roja de no cuartel era habitual en esta época? ¿Lo utilizaban también otros bucaneros y filibusteros? Por desgracia, hasta la fecha no tenemos forma de saberlo. Las banderas de los bucaneros rara vez se describen en los diarios, excepto cuando son inusuales. El hecho de que Massertie describiera la bandera con detalle sugiere que la calavera y los huesos cruzados no eran típicos de la bandera roja de ningún barrio, o al menos no para él. Pero quizás no era la primera vez que el veterano capitán Michel Andresson, si es que se hacía pasar por Franco, enarbolaba la bandera.

En particular, la bandera utilizada en Acaponeta no se llamaba Jolly Roger, ni siquiera "joli rouge" ("rojo bonito"), que muchos libros, repitiendo un viejo mito, sugieren incorrectamente que puede ser el origen del término Jolly Roger.

El mito de Le Joli Rouge

En realidad, le joli rouge no aparece en absoluto en los diarios de los piratas, corsarios y hombres de guerra franceses, ni en los de otros navegantes de cualquier nacionalidad, como término para designar una bandera o cualquier otra cosa. Si se quiere encontrar el término en la época de la vela, hay que buscarlo en los libros sobre pintura y flores, no en los de cañones y alfanjes.

. . .

El origen del mítico joli rouge se encuentra casi con toda seguridad en la de 1848, con raíces en la revolución francesa original. Un escritor desconocido argumentó en 1921 que el término era una atribución errónea basada en el bonnet rouge o "gorro de la libertad" conocido como "gorro frigio" y el terror y la violencia asociados de los revolucionarios franceses que empezaron a llevarlo hacia 1789, pero no aportó pruebas de ello.

Aun así, si este es el caso, entonces joli rouge no puede ser el origen de Jolly Roger porque los acontecimientos en los que se basa fueron posteriores a los relatos originales que utilizaron el nombre. Pero, ¿cómo se deriva joli rouge del gorro de los revolucionarios franceses? El autor no lo explica, pero utilizando sus pistas podemos trazar un argumento muy sólido. Primero tenemos que mirar más allá de la revolución francesa original, a la de 1848. A estas alturas, el tricolor francés azul, blanco y rojo ya no era la bandera de la revolución, sino del gobierno establecido, de la convención, no de la rebelión. Se necesitaba una nueva bandera. Los nuevos revolucionarios franceses se apropiaron del color del bonete rojo para su nueva bandera.

. . .

A menudo se asocian a esta adopción de la bandera roja, que significaba tanto la muerte como la vida, la cabeza de la muerte y los huesos cruzados. Una de estas banderas era roja con una cabeza de muerte coronada por un gorro de Frigio con flor de lis, sobre huesos cruzados, con un hacha y una antorcha, y el lema (traducido) de "Viva Blanqui (un destacado revolucionario) o muera". Y, efectivamente, era una bandera "joli".

De hecho, la única referencia que el autor ha encontrado a una bandera como joli rouge es una descripción incidental del historiador y escritor político del siglo XIX, Hippolyte Castille, de la bandera revolucionaria de 1848 como la bonita bandera roja "le joli drapeau rouge" que flotaba en la brisa matinal del Sena.

Desde aquí no fue más que un simple paso atrás desde la bonita bandera roja revolucionaria, a menudo con calavera y huesos, hasta el fantasioso joli rouge del pirata y su verdadero Jolly Roger. O tal vez sea al revés: la bandera negra pirata con calavera y huesos, junto con la bandera roja sin cuartel, inspira la bandera revolucionaria, que inspira el mito de le joli rouge.

. . .

Pero, como ya se ha señalado, la bandera pirata enarbolada en Acaponeta no era ni una Jolly Roger ni una joli rouge, ni tampoco una bandera de la revolución socialista del siglo XIX. Más bien se trataba de un ejemplo temprano y único de la calavera y las tibias cruzadas piratas, y no era exactamente lo que esperábamos.

2

Datos relevantes para conocer a
fondo a un pirata

Los colores **del miedo y la muerte**

¿Es esta bandera roja el origen de la bandera negra con la calavera y las tibias cruzadas que se conoce como Jolly Roger? Puede ser, pero lo más probable es que no lo sea, o al menos no sea su único origen. Más bien, es probable que forme parte de un tema común que se extiende a lo largo del tiempo tanto por tierra como por mar. Hasta principios del siglo XVIII, una bandera negra enarbolada en el mar a bordo de los barcos europeos solía significar luto: un capitán o almirante había muerto, o quizás un príncipe o un rey.

. . .

Para indicar la voluntad de luchar, especialmente de no dar ni recibir cuartel, se enarbolaba en el mar, y ocasionalmente en tierra, una bandera roja, a menudo conocida como "bandera sangrienta", "estandarte sangriento", "bandera sin cuartel", "pavillon de combat", "pavillon sans quartier" y "bloed-vlag".

Un historiador del siglo XIX atribuye el origen de este estandarte rojo en el mar a los "baucents" rojos, pabellones o estandartes medievales, enarbolados en el siglo XIII d.C., y probablemente antes, por los barcos de guerra franceses. Un documento de 1292 señala que estos estandartes rojos enviaban un mensaje de "lucha segura y mortal".

En tierra, la bandera roja tiene un linaje registrado más antiguo: Lodowick Lloyd "Esquier" en 1602 remonta la bandera roja a Aníbal de Cartago, y antes de él a Alejandro Magno. Tamerlán también la empleó. Sin duda, la bandera roja, dada su obvia connotación de sangre derramada, y por tanto de amenaza y violencia, se ha originado de forma independiente muchas veces a lo largo de la historia: "Mientras las banderas rojas respiran en sus mástiles alto terror y guerra ... ", escribió el poeta Andrew Marvel en 1667.

. . .

Al principio, cualquiera podía enarbolar la bandera roja en el mar: hombres de guerra, corsarios, piratas e incluso mercantes (un mercante era cualquier barco que llevara carga mercantil). Más tarde, a partir de finales del siglo XVII y principios del XVIII, la bandera roja fue abandonada en gran medida por muchas armadas, y conservada únicamente por corsarios y piratas como amenaza de que no se daría cuartel, o al menos de que no se daría. Pero a partir de principios del siglo XVIII, una nueva oleada de piratas originarios de América comenzó a enarbolar una bandera negra.

Pero, ¿por qué no el negro antes de esto, y el rojo sólo como estandarte de la no-cuartelaría? En primer lugar, hasta principios del siglo XVIII, la mayoría de los piratas, bucaneros y filibusteros, por ejemplo, enarbolaban las enseñas navales de sus países de origen. Los bucaneros ingleses enarbolaban la Cruz de San Jorge o la enseña naval inglesa con un campo rojo y una Cruz de San Jorge en el cantón. Los filibusteros franceses solían enarbolar el "pavillon blanc", o estandarte blanco de Francia. Los piratas españoles enarbolaban una enseña blanca con una cruz roja de Borgoña, excepto los piratas españoles de "Vizcaya", que solían enarbolar la enseña roja con una cruz blanca de Borgoña.

Los piratas holandeses enarbolaban a menudo la bandera tricolor de los Países Bajos o la bandera de los "Estados Generales" con un león sosteniendo una espada cortante y una gavilla de flechas sobre un campo rojo.

Sólo en raras ocasiones los piratas del Siglo de Oro anteriores a 1716 enarbolaban sus propios colores. Cada compañía de bucaneros que cruzó el Istmo de Darién en 1680 tenía su propio estandarte, por ejemplo, pero ninguno era negro y ninguno llevaba una calavera y huesos cruzados, y ninguno ondeaba en el mar, por lo que sabemos. En cambio, en el mar ondeaban las enseñas de Inglaterra y Francia. Cuando tres "reyes piratas" de Madagascar entraron en guerra hacia 1720, cada uno enarboló sus colores nacionales: inglés, danés o escocés, en lugar de la bandera negra de la piratería.

¿Por qué la mayoría de los piratas enarbolaban los colores de sus países de origen? Porque era una pretensión de legitimidad: no querían ser ahorcados. Los gobiernos locales a menudo apoyaban discretamente su piratería, o al menos miraban hacia otro lado porque era rentable hacerlo. Los piratas fingían que sus crímenes eran legítimos, incluso cuando sabían que no lo eran.

Además, la mayoría de los piratas de esta época seguían siendo leales en muchos aspectos a sus naciones de origen, incluso cuando formaban parte de una banda multinacional y multicultural de hermanos piratas.

Pero gran parte de esto cambió con la llegada de los corsarios, que llegaron a definirse por su rechazo a los estados-nación y por su unidad bajo sus propios colores.

Tras el fin de la Guerra de la Reina Ana en 1713, los corsarios dejaron de ser necesarios y la disminución del comercio supuso un menor número de puestos de trabajo en el mar. Un breve intento de convertir a los antiguos corsarios en cazadores de piratas españoles fracasó cuando los cazadores pusieron sus ojos en la navegación española honesta, intentando continuar una tradición de caza de mares iniciada en 1655. Pero ya no se haría la vista gorda a los piratas que atacaran a los españoles. En represalia, los piratas pusieron sus ojos en la navegación de todas las naciones. El período final de la Gran Edad de la Piratería había comenzado.

Y es entonces cuando vemos que la bandera negra se convierte en sinónimo de piratería, aunque ya había sido enarbolada por piratas de origen europeo antes de esta época, al menos una vez. En 1700, en la isla de Brava, en Cabo Verde, el HMS Poole persiguió y atrapó brevemente a unos piratas franceses comandados por Emanuel Wynne. El capitán del Poole anotó en su cuaderno de bitácora que los piratas enarbolaban una bandera negra con una calavera, huesos cruzados y un reloj de arena. Pero no hay más relatos de piratas europeos o americanos que enarbolaran tal bandera en esa época, y Wynne no puede ser considerado como uno de los grandes grupos de piratas que surgieron tras el fin de la Guerra de la Reina Ana en 1713.

Curiosamente, un poema publicado en 1702 describía a Caronte, el barquero del río Estigia, enarbolando una bandera de "marta" con "la cabeza de la muerte y los huesos de la médula". Caronte transportaba las almas, que debían pagarle una pequeña moneda de plata llamada óbolo, al Hades. El significado de la calavera y las tibias cruzadas en una bandera negra era claramente obvio. Era, sin duda, el simbolismo perfecto para un pirata dispuesto a enfrentarse a todas las naciones. Aun así, no todos los piratas eligieron el negro. Al menos dos, uno de ellos francés y el otro casi seguro, eligieron banderas blancas con calaveras y huesos negros o esqueletos negros.

Muy probablemente, la bandera blanca con huesos negros era un símbolo tanto de la piratería como de la nacionalidad francesa, y un recordatorio para nosotros de que incluso los piratas que no reivindicaban ninguna bandera o nacionalidad más que la de la piratería seguían manteniendo un importante apego a sus orígenes nacionales. Incluso algunos notorios piratas ingleses de principios del siglo XVIII que enarbolaban la bandera negra no eran conocidos por "beber en honor al Rey Jorge". Y cuando se enteraron de que el Rey Jorge I había muerto, estos mismos piratas bajaron su bandera negra a media asta.

. . .

Sin embargo, ¿no podríamos preguntarnos por qué la gran mayoría de los piratas, que ahora no se deben a nadie más que a sí mismos, eligieron el negro en lugar del tradicional y sangriento rojo? En primer lugar, y obviamente, el negro representa en muchas culturas la muerte, el sueño eterno, la negrura impenetrable, el vacío de la inexistencia. Además, el duelo es un momento sombrío, típicamente de oscuridad, no de luz. La ropa negra, las cortinas, las banderas e incluso las empuñaduras y los nudos de las espadas se utilizaban en Occidente para indicar el duelo. Por lo tanto, parece obvio que los piratas occidentales también elegirían el negro. Sin embargo, ¿por qué elegir el negro en lugar del rojo, como hicieron sus antepasados, incluso los más recientes?

El rojo, como ya se ha dicho, es el color de la sangre: de la ira, la violencia, la rabia, la guerra... de la muerte. El rojo puede verse como un opuesto del blanco, ya que la bandera blanca de la rendición es una petición de que no se derrame sangre, o no más sangre.

Hay dos razones de peso. La primera es la identidad. A diferencia de la mayoría de los piratas del pasado, los ladrones del mar que ahora enarbolaban la bandera negra se consideraban a sí mismos como algo aparte de cualquier nación, al menos nominal o retóricamente. La bandera roja había sido utilizada por todo tipo de nacionalidades en el mar y por todo tipo de embarcaciones en el mar, desde el hombre de guerra hasta el pirata común. Sin embargo, la bandera negra, como estandarte de identidad, sería, en el mar, exclusiva de los piratas. Como dijo un testigo ocular francés de un ataque pirata, estos nuevos piratas querían "con este tipo de libreas distinguirse de los demás, de los otros navegantes, es decir, de los que navegan por el mar".

La segunda razón está relacionada con la primera, así como con el simbolismo del propio color. Las banderas negras no se enarbolaban sólo en momentos de luto.

Es importante destacar que la bandera negra es la verdadera antítesis de la bandera blanca: indica lo contrario de la rendición y se ha utilizado en siglos pasados tanto para amenazar de muerte a los asediados como, sobre todo, por parte de los asediados para indicar desafío, que no darían ni recibirían cuartel. El simbolismo era bien conocido en el siglo XVII: "la bandera negra del desafío, la muerte y la destrucción". En 1714, durante el asedio de Barcelona, por ejemplo, los catalanes asediados plantaron una bandera negra con una cabeza de muerte en una brecha del muro del castillo de Montjuïc para enviar el mensaje de que no esperaban cuartel y que lucharían hasta la muerte.

Esta mentalidad de asedio desafiante es importante para entender otra de las razones por las que los piratas pueden haber elegido el negro: la suya también era una mentalidad de asedio desafiante, se veían a sí mismos como física y psicológicamente asediados, pues a sus ojos se enfrentaban desafiantemente al mundo. No necesitaron ningún destello de inspiración para darse cuenta de ello, ya que estaba escrito en el derecho marítimo de la época.

"Pirata est hostis humani generis": Un pirata es un enemigo de toda la humanidad.

La cabeza de la muerte y los huesos de la médula

La bandera negra de la piratería está inseparablemente asociada a los símbolos o dispositivos dispuestos sobre su campo de sable. Los significados suelen ser obvios. La calavera o "cabeza de la muerte" y los huesos cruzados por debajo o por detrás eran el símbolo "mortuorio" y de memento mori (recordatorio de la muerte) más común en la época, y durante siglos antes. Se utilizaba en las lápidas, en las pinturas, en los anillos y relojes mortuorios y en diversas arquitecturas.

En sentido estricto, una "cabeza de muerte" era sólo un cráneo, pero parece que el término también se utilizaba a veces para indicar un cráneo con huesos cruzados. A veces los huesos cruzados se llamaban "huesos de la médula", es decir, el fémur o los huesos del muslo. Estar sobre los huesos de la médula era estar sobre las rodillas.

Una "muerte" o "anatomía", también utilizada a menudo como símbolo mortuorio, era normalmente un esqueleto completo, aunque a veces el término "muerte" indicaba sólo un cráneo. Normalmente, estos símbolos se utilizaban para recordar a la gente que el reloj corría, que la muerte llegaría inevitablemente antes o después.

A menudo, un reloj de arena, a veces con alas para

recordar que "el tiempo vuela", se asociaba con la calavera y los huesos cruzados o la anatomía.

La calavera y los huesos también se utilizaban a veces, por razones obvias, para infundir miedo a los enemigos.

La combinación fue utilizada en la antigüedad por los tracios, luego por los romanos y los turcos, y en la Edad Media por muchos pueblos. Por lo que sabemos, se utilizaba en tierra mucho más a menudo que en el mar. Por ejemplo, los catalanes que defendían Barcelona en 1714 ya han señalado su uso, y un regimiento de caballería sueco del siglo XVII utilizaba desde hacía tiempo la calavera y las tibias cruzadas como distintivo en sus sombreros. De hecho, la calavera y las tibias cruzadas más conocidas que se han recuperado de un naufragio del Siglo de Oro, un botón o broche de oro, pertenecían a un oficial de caballería que murió cuando el buque de guerra sueco Kronan estalló y se hundió durante una batalla en 1676. Está claro que el uso de la calavera y las tibias cruzadas fue bien conocido durante muchos siglos, tanto como símbolo mortuorio como de terror.

. . .

Para descubrir por qué, poco después de 1700, la icónica calavera y las tibias cruzadas se convirtieron en el símbolo de la piratería, debemos echar un vistazo a cómo los piratas americanos de principios del siglo XVIII diseñaban y utilizaban sus banderas.

3

Falsa óptica y Barbanegra el pirata

El 22 de mayo de 1718, el Crowley, un mercante con destino a Londres, levó sus anclas y zarpó en el río Cooper bajo la dirección de un piloto. A menos de media milla al norte de su fondeadero fluvial se encontraba Charlestown, la gran capital de Carolina del Sur, a través de la cual fluían las exportaciones de arroz, brea, alquitrán, trementina y, sobre todo, pieles de ciervo y ganado.

Con velas ligeras, el Crowley se deslizó río abajo, con su bodega llena de arroz y otras mercancías, hacia el mar y lejos de la pequeña pero habitualmente bulliciosa ciudad, una cuyo espíritu y beneficios habían sido maltratados por la reciente guerra con los Yamasee y las tribus aliadas, por no hablar justo antes de la

Guerra de la Reina Ana, librada contra los franceses y, en particular para los carolinos, contra los españoles.

Pero la guerra había terminado, o casi, y los residentes de Charlestown, así como los de las granjas y plantaciones del interior, agradecieron a la Providencia la escasa pérdida de vidas entre los colonos blancos. Sin embargo, la Providencia no les había hecho ningún favor en cuanto a su economía. La guerra de los indios fue causada por la invasión de los colonos y comerciantes blancos en las tierras de los nativos americanos, no sólo por las colonias sino también por el comercio y la esclavitud de los nativos americanos. Las habituales maquinaciones políticas inglesas, francesas y españolas y sus manipulaciones de las tribus nativas americanas no ayudaron. La guerra había interrumpido gravemente el flujo crítico de pieles de ciervo de las tribus nativas americanas, y del arroz, el ganado y las provisiones navales producidas por los colonos blancos y sus numerosos esclavos africanos y nativos americanos. Charlestown estaba preparado para avanzar.

El mercante había navegado primero hacia el sur, río abajo, pero sólo brevemente, y luego hacia el este, pasando por la isla Marsh, separada de la isla Hog sólo por un estrecho arroyo al norte y la isla Boone al sur.

El paso requería tanto la sincronización de la marea como un piloto para evitar los bancos de arena del río, y, de hecho, delante del Crowley había una pequeña embarcación piloto que más tarde devolvería al piloto a Charlestown.

El Crowley siguió a la embarcación piloto a través de uno de los canales de la gran barra de arena y limo de la desembocadura del río, y luego subió a su piloto por la borda a la embarcación que lo llevaría río abajo. El Crowley tenía la intención de poner rumbo al norte, dejando atrás la "isla de Sillivant", es decir, la isla de Sullivan, y la entrada a los rios Ashley y Cooper. A babor, su tripulación podría haber notado las dunas de arena que se extienden a lo largo de dos o tres millas a lo largo de la costa, pero su atención en realidad estaba más bien en el mar y en el barco que se acercaba rápidamente.

Era un barco bastante pequeño, al menos en comparación con los grandes mercantes. Era de un tipo y tamaño común utilizado para el comercio con las

Américas y probablemente buscaba un piloto que lo llevara a través de la barra.

Y, de hecho, el barco piloto no hacía mucho que se había acercado al barco. Incluso a esta distancia relativamente cercana, ni el capitán del Crowley, que estaba en la cubierta con su telescopio, ni su vigía en lo alto podían estar seguros de lo que era, pero ambos supusieron con seguridad que se trataba de un mercante que llegaba. A medida que los dos barcos se acercaban, se hizo evidente que el barco desconocido tenía líneas limpias, podría ser de construcción holandesa, y era de aproximadamente doscientas a trescientas toneladas de carga.

El barco viró su rumbo hacia el Crowley, cuyo capitán ahora seguramente empezó a tener recelos. Tal vez el buque sólo quería "hablar" con él en relación con un piloto, pero era obvio que ya tenía uno, y a través de su telescopio el capitán Robert Clark probablemente pensó que podía discernir el armamento del barco: una sola fila de bocas de cañón que indicaba hasta veinte cañones, como se conocía a los marineros, y tal vez algunos más en el alcázar.

. . .

Los cañones eran en su mayoría de seis libras. Pequeños cañones montados en yugo, sin duda una colección variada de "pivotes" de carga de boca y pateros de retrocarga estaban en sus puestos en la barandilla entre cada gran cañón.

Veinte cañones grandes, por lo menos, y tal vez otros tantos pivotes: el armamento de un buque de guerra de sexta categoría, el más pequeño de los buques de guerra clasificados. No era un gran barco, pero sí suficiente para asustar a todos los mercantes, excepto a los más grandes. No se trataba de un verdadero barco de cuarenta cañones, como algunos han sugerido que era, ya que estos barcos solían estar en un rango de entre cuatrocientas y seiscientas toneladas. El Queen Anne's Revenge no tenía ni de lejos ese tamaño.

Desgraciadamente, ya era demasiado tarde para que el Crowley se diera la vuelta y huyera si su capitán estaba dispuesto a ello, y mucho menos para que luchara si creía que debía hacerlo. Y podría tardar una hora en tener su barco mercante listo para la acción. El corazón del capitán Clark seguramente se hundió en su estómago cuando la fragata que se aproximaba se acercó a un cuarto de milla. Incluso sin su telescopio, pudo ver que sus cubiertas y las partes inferiores de sus botes estaban cubiertas de hombres, la mayoría de ellos armados y agitando sables. Sus gritos pronto se transmitieron con facilidad sobre el agua, no lo suficientemente claros como para distinguir sus palabras, pero sí lo suficientemente claros como para reconocer que esos hombres armados no estaban enviando saludos amistosos.

¡Entonces ondeó la bandera negra! El capitán Clark, su tripulación y sus pasajeros sabían que esto significaba rendirse inmediatamente o ser condenados. No importaba si el capitán Clark podía ver lo que era el dispositivo de la bandera negra: una cabeza de muerte, con o sin huesos cruzados. Sólo los piratas enarbolaban la bandera negra.

Aunque el capitán Clark hubiera podido huir, ahora sabía que en última instancia habría sido inútil. El barco pirata claramente "tenía las piernas de él". Luchar también habría sido inútil, ya que la tripulación del Crowley era ampliamente superada en número y a bordo había varios ciudadanos prominentes de Charlestown, incluidos niños.

. . .

No tuvieron tiempo de preparar sus cuarteles cerrados e intentar retirarse a salvo dentro de ellos, ya que huyeron a vela hacia la seguridad del río Cooper en Charlestown.

Algunos capitanes condenaron a los comandantes mercantes que se rendían con demasiada facilidad; uno de ellos se refirió a ellos como "Villanos cobardes, que entregan su barco al silbido de un disparo". Tal vez si el capitán Clark hubiera tenido más tiempo, podría haber presentado batalla.

En su lugar, ordenó a su tripulación que arriaran sus colores, si es que los había enarbolado (los barcos sólo ondeaban sus banderas en determinadas ocasiones), y que arriaran sus gavias en señal de sumisión. No necesitó que le incitaran a hacer lo que vino después: se puso a sotavento del barco pirata y esperó a ser abordado.

Mientras el capitán Clark esperaba ansioso el encuentro con sus captores piratas, seguramente observó con su telescopio el barco pirata que tenía ante sí. Un pirata en el puente de mando puede haber sobresalido del resto.

. . .

Era un hombre alto y delgado, con una gran barba negra, larga y ancha, probablemente retorcida o trenzada en "colas" y atada con cintas, de la misma manera que los marineros se retorcían el pelo. Sobre sus hombros puede haber llevado una honda "con tres pistolas colgadas en fundas, como bandoleras". Quizá el barbudo también llevaba fósforos lentos, utilizados para disparar cañones y encender granadas, metidos bajo el sombrero, lo que le daba un aspecto demoníaco. Era el tristemente célebre Edward Teach, o Thatch, más conocido como Barbanegra, y su reputación le precedía, infundiendo temor a los marinos mercantes comunes de todo el mundo.

Barbanegra es considerado comúnmente como el pirata más feroz de la historia, y por lo tanto es considerado por muchos como el más feroz luchador de todos ellos. De hecho, los piratas de la Edad de Oro en general tienen fama de temibles luchadores, y gran parte de ella era bien merecida. Pero no todos los piratas eran tan feroces como muchos creen. De hecho, para muchos, su reputación de ferocidad y capacidad de lucha superaba con creces la realidad. Y así fue con Barbanegra, un hombre cuya imagen era más poderosa que su realidad, aunque, al igual que la bandera negra y el estandarte rojo de no dar cuartel, le sirvió de mucho, como esas imágenes a muchos piratas.

El rostro oscuro y peludo de Barbanegra, con cerillas incluidas, formaba parte de la temible imagen que aterrorizaba a los lectores del libro de Charles Johnson sobre piratas, y quizá también a los marinos mercantes, pescadores y habitantes de la costa. Pero en realidad, sólo tenemos la palabra de Johnson sobre las cerillas. El hombre que se escondía tras el seudónimo de Charles Johnson era un ávido investigador y era extraordinariamente detallista. Pero también tenía el ojo de un novelista y una predilección por la exageración, y alteraba o incluso inventaba hechos cuando le convenía para su narración.

Por ejemplo, se inventó un capítulo entero en su libro de piratas, al que echaremos un vistazo más adelante. De hecho, las líneas que cita del supuesto cuaderno de bitácora de Barbanegra, "Tal día, el ron se acabó..." y demás, todo muy náutico y romántico, son probablemente de Johnson, no de Barbanegra, pero nunca lo sabremos con certeza. En cuanto a los fósforos, ningún relato de alguien que haya visto realmente a este pirata los menciona.

. . .

Sin embargo, los piratas, los corsarios, los marinos mercantes y los marinos navales encargados de lanzar granadas en la batalla llevaban a veces la cerilla lenta encendida, necesaria para encender las mechas de las granadas, en sus sombreros, pero era más habitual atarla alrededor de una muñeca o sujetarla a su ropa o a su sombrero con una caja de cerillas, aunque una imagen de Jean Bart, el famoso corsario francés al servicio de Francia, lo muestra con un trozo de cerilla encendida sujetada entre los dientes. Es muy probable que Charles Johnson viera este popular grabado. La cerilla lenta estaba diseñada para arder a una temperatura muy alta porque se utilizaba para encender la pólvora, que no es tan sensible al calor y a las llamas como se cree comúnmente. Por lo tanto, la cerilla lenta podía encender fácilmente el pelo, y la barba grasienta y alquitranada de un pirata en llamas habría sido un espectáculo infernal, que probablemente nunca se repetiría.

Probablemente se puede afirmar que el capitán Clark no vio ninguna cerilla ardiendo bajo el sombrero del capitán pirata.

. . .

Aun así, el capitán Clark supo inmediatamente quién era ese hombre. Y el barco que yacía ante ellos, con sus grandes cañones y sus aspas apuntando al Crowley, era el infame Queen Anne's Revenge. Cerca había tres balandros. Una era la Venganza, originalmente equipada por el pirata diletante Stede Bonnet, quien, ahora despojado de su mando y en gran medida impotente por el momento como pirata, se paseaba por la cubierta del barco de Barbanegra. Era una flota pirata, o al menos una flotilla pirata.

A estas alturas, el temor de la tripulación y los pasajeros era evidente. El acaudalado Samuel Wragg, miembro del Consejo de la Provincia de Carolina, seguramente consoló a su esposa y a su hijo de cuatro años, William. Lo desconocido inspira más miedo que cualquier otra cosa, y nadie a bordo del Crowley sabía lo que iba a pasar. La mayoría probablemente temía lo peor: palizas, torturas, violaciones, asesinatos, o incluso que todos murieran en el barco por una explosión o quemados.

Los miembros de la tripulación de Barbanegra abordaron el Crowley, apartando de forma brusca y grosera a cualquiera que se atreviera a interponerse en su camino, como hacían invariablemente los piratas. De proa a popa y del camión a la quilla, registraron el barco, sin duda infundiendo aún más miedo a los prisioneros mediante la típica manera temerosa de los piratas de agitar sables, jurar y amenazar con "dar una palmada en la cabeza" a los inocentes. Los piratas llevaron a los pasajeros del Carolina y al capitán Clark al Queen Anne's Revenge.

Allí los prisioneros se encontraban ante el gran pirata, con su oscuro rostro oculto tras la barba, intimidando a todos y cada uno. Aquí, las cerillas encendidas que iluminaban su cara y su barba habrían sido de lo más efectivas.

Según Johnson, escribiendo al estilo de una novela, Barbanegra examinó cuidadosamente a los prisioneros en cuanto a sus bienes a bordo, el cargamento de los barcos que poseían, el estado de otros barcos en el puerto de Charlestown y "cuándo pensaban zarpar y hacia dónde".

Luego ordenó que los encarcelaran en la bodega del Crowley junto con su tripulación.

. . .

Sin embargo, pronto Barbanegra reunió a los principales ciudadanos capturados en su gran cabaña y les exigió un botiquín. Era una petición curiosa. No es que las medicinas fueran innecesarias, sino que eran vitales, pero, dado que Barbanegra estaba bloqueando Charlestown, capturando todos los barcos que pasaban por allí y atemorizando a residentes y marineros por igual, uno esperaría al menos que pidiera un rescate o un tributo en forma de moneda y carga, o incluso que amenazara con saquear la propia ciudad. Pero no hizo tales demandas.

Barbanegra envió a un prisionero llamado Marks a tierra con el capitán Richards del balandro pirata Revenge, junto con otros dos o tres piratas, para conseguir medicinas, a lo que el gobernador se negó al principio. Los prisioneros de Carolina, Samuel Wragg en particular, fueron usados como rehenes, y Barbanegra amenazó con "matar inmediatamente a todas las personas que estuvieran en su poder y quemar sus barcos, etc., y amenazó con venir a la barra para quemar los barcos que estaban frente a la ciudad y golpearla contra nuestros oídos" si no se entregaban las medicinas. Finalmente, las medicinas acordadas, no fueron entregadas a tiempo, y Barbanegra estaba furioso, pero en realidad todo estaba bien. Los retrasos rutinarios obstaculizaron al Sr. Marks y a los piratas en su misión.

Mientras tanto, los emisarios piratas se paseaban por la ciudad de forma truculenta, asustando a mujeres y niños y quizá también a muchos comerciantes y mercaderes. Pero había otros que no se habrían asustado tan fácilmente y nos devuelven a la cuestión de por qué Barbanegra no exigió un rescate mayor o incluso por qué no atacó la ciudad.

¿Por qué los piratas, cuya flota contaba ahora con ocho barcos, incluidos los capturados, se harían a la mar tras una demanda tan insignificante? Las medicinas, tal vez para curar la sífilis, han sugerido algunos historiadores, tenían un valor de trescientas o cuatrocientas libras, una suma considerable, pero nada del tamaño de lo que podría haberse extraído incluso de una ciudad con una economía disminuida. El hecho es que Barbanegra estaba en una posición precaria. No se atrevía a atacar la ciudad.

No sólo habría represalias severas, si no que una fuerza inglesa seguramente sería enviada contra él tarde o temprano si tenía éxito, pero también era muy poco probable tener éxito en un ataque a Charlestown. Sus hombres no eran soldados-marinos como los bucaneros de finales del siglo XVII. No eran veteranos de la guerra terrestre. De hecho, muchos probablemente tenían poca experiencia en batallas serias en el mar o en tierra.

Incluso aquellos que habían sido corsarios podían tener poca experiencia en la lucha, y probablemente ninguna en tierra, ya que los corsarios, al igual que los piratas, se cebaban con los mercantes más débiles y tendían a huir de los combates duros. Para atacar Charlestown primero había que pasar por Fort Johnson. Sólo en las películas de Hollywood y en las atracciones de Disney los piratas consiguen cañonear fuertes fortalezas.

En segundo lugar, los piratas solían atacar las ciudades por tierra, pero atacar Charlestown por tierra requería una larga travesía por un terreno accidentado, incluyendo el cruce de ríos y arroyos. Estos ataques solían realizarse por sorpresa: los piratas marchaban de noche y se ocultaban de día, y luego, siempre que era posible, atacaban de noche.

. . .

Pero Barbanegra y sus piratas no tendrían este elemento de sorpresa y, por tanto, serían vulnerables al contraataque. En tercer lugar, a pesar de los conflictos políticos y económicos locales, Charlestown podía convocar a veteranos, incluyendo a valientes exploradores, guardabosques y corsarios, de las guerras indias, de las incursiones contra los españoles, de la defensa contra los ataques de los franceses y los españoles.

Muchos de estos hombres tenían experiencia en brutales combates cuerpo a cuerpo con intrépidos guerreros nativos americanos, y muchos eran también veteranos de las luchas contra los españoles en Norteamérica durante la Guerra de la Reina Ana, e incluso habían expulsado un intento de incursión francesa. No se rehusarían a una lucha contra los piratas. Por último, un ataque a la ciudad dejaría a los barcos de Barbanegra sin tripulación y vulnerables incluso a un mercante bien armado que pasara por allí.

También había otros riesgos. Los residentes de Charlestown podrían haber equipado pronto un barco con voluntarios y enviarlo contra los piratas. Las colonias lo hacían a menudo, pero no siempre con éxito. En Charlestown y en el campo había muchos marineros robustos y voluntarios, muchos de ellos veteranos de combate, que podrían haber tripulado ese barco o un par de balandras bien armadas. Y pronto lo hicieron, pues no mucho después de que Barbanegra acabara partiendo, se habilitaron dos balandras bajo el mando del coronel William Rhett.

Aunque Rhett no encontró a Barbanegra, él y su tripulación capturaron a Stede Bonnet, ahora de nuevo al mando, y a su Royal James, aunque su consorte Richard Worley escapó.

Poco después, al enterarse de que el infame pirata Christopher Moody se dirigía hacia ellos, el gobernador y el pueblo de Charlestown equiparon una escuadra de cuatro buques, entre los que se encontraba la antigua balandra pirata Royal James, con sesenta y ocho cañones entre todos ellos y tripulados por trescientos voluntarios de combate. Encontraron y se enfrentaron a su pirata, pero resultó ser el brevemente notorio Richard Worley al mando del New York's Revenge, una balandra de seis cañones y cuarenta hombres, que enarbolaba una bandera negra con la imagen de un esqueleto humano, y no la calavera y los huesos que a menudo se representan hoy como su bandera. No fue una contienda, pero los piratas lucharon durante varias horas. El balandro pirata fue golpeado por todos lados y Worley murió en acción durante el combate cuerpo a cuerpo. El consorte de los piratas, el New York Revenge, hasta hace poco el mercante Eagle Galley, fue perseguido y capturado intacto, con su bodega llena de sirvientes, tanto de hombres como mujeres.

Que nadie diga que los carolinos del sur no podían defenderse de simples piratas, pues ellos ya se habían defendido de los ataques de los nativos americanos, habían saqueado San Agustín y habían luchado contra un ataque combinado de franceses y españoles. Los piratas no eran más que una pequeña amenaza en comparación.

Parte del problema es que algunos historiadores citan el juicio de Stede Bonnet y otros documentos similares en los que se señala que Charlestown había quedado "muy reducida por las calamidades de la guerra de los indios y los pesados impuestos", y por tanto asumen que la ciudad colonial no podía defenderse. La cuestión se ve agravada por las declaraciones en las que se afirma que "la ciudad se encuentra actualmente en una condición muy indiferente para oponer mucha resistencia si ellos, los piratas, o cualquier otro enemigo lo intentan".

. . .

De hecho, la primera afirmación se refiere sólo a la capacidad de Charlestown para recaudar dinero para balandros armados y otras defensas, y no a su capacidad para reunir hombres armados capaces de defenderse o atacar a los piratas, corsarios, nativos americanos y soldados franceses y españoles. La segunda es una excusa para la vergüenza de ser bloqueado por un pirata, ya que es seguido por una petición de ayuda: "estábamos muy deseosos de sacarlos de nuestra costa por medios justos que no podíamos hacer de otra manera por falta de las ayudas que otros gobiernos reciben de la Corona".

Barbanegra no sólo tenía que preocuparse por las defensas de Charlestown.

También tenía que prepararse para la posibilidad de que un buque de guerra inglés le pillara desprevenido. Una armada inglesa de sexta categoría, completamente armada y tripulada, no una que llevara mucho tiempo en el puerto o en la estación, cuyas provisiones estuvieran casi agotadas, cuya pólvora fuera escasa y la mitad de su tripulación no estuviera apta para el servicio, sino una bien tripulada y adecuadamente equipada para el crucero, podría haber atrapado al pirata, pero la lucha podría haber sido sangrienta, al menos al principio.

Pero incluso un sexto inglés en malas condiciones podría luchar contra la mayoría de los piratas al menos hasta un empate. Aun así, era mejor tener un quinto tipo para luchar contra estos piratas, o incluso un cuarto. Estos barcos tenían más armas, y más grandes, y tripulaciones más grandes, y podían enfrentarse a los piratas que navegaban en fragatas bien armadas.

Pero había un problema. Había muy pocos hombres de guerra de este tipo en las colonias inglesas y no había ninguno en Charlestown. Barbanegra lo sabía, y también era mejor no arriesgarse a que lo atacaran o persiguieran desde el propio Charlestown. El hombre no era tonto: sabía que los rehenes que tenía eran su principal arma.

Al final, zarpó con su cofre de medicinas y el botín de los barcos que había capturado. Había bloqueado el puerto durante no más de diez días. Si por casualidad no hubiera capturado el Crowley y sus importantes pasajeros de Carolina del Sur, probablemente ni siquiera habría podido extorsionar las medicinas.

Si Barbanegra fuera realmente el feroz pirata que el mito ha hecho aparecer, si fuera realmente el feroz luchador que muchos creen que era, y con una tripulación tan numerosa como la que tenía, podría haber hecho pagar a Charlestown por completo por el miedo a su destreza marcial y su brutalidad pirata. Incluso podría haber saqueado la ciudad. Sin embargo, no hizo ninguna de las dos cosas.

El pirata como guerrero feroz

El bloqueo de Charlestown, aunque intrigante, incluso audaz, no parece la cosa más importante de una gran leyenda pirata.

Sin embargo, fue, de hecho, el acto de piratería más notorio de Barbanegra, y se vio muy favorecido por la "falsa óptica" del miedo: "porque sus ojos se empañaron tanto al mirarnos cuando llegamos desde el mar que creyeron que remábamos con al menos 20 remos y que teníamos una multitud de hombres, tal es la naturaleza del miedo para multiplicar o magnificar los objetos a través de su falsa óptica", escribió el marinero Jeremy Roche después de que su pequeño barco, con una tripulación de tres personas y seis cañones giratorios escondidos en sus armarios, desembarcara en Lyde, Inglaterra, y fuera confundido con piratas, asustando a toda la ciudad por su repentina e inusual presencia.

Durante toda la carrera de Barbanegra, no capturó ningún barco grande ni rico después de una pelea, no saqueó ninguna ciudad, no derrotó a ningún hombre de guerra enviado a capturarlo, aunque la leyenda afirma erróneamente que luchó contra el HMS Scarborough hasta dejarlo sin efecto. En realidad, nunca disparó un tiro contra él. Sus premios más ricos fueron un "Guinea-man" francés con un cargamento de más de 400 esclavos; La Concorde, que reacondicionó como su Queen Anne's Revenge; y el Crowley, al que despojó de 1,500 libras esterlinas, aproximadamente 350,000 dólares de hoy en día, una suma insignificante cuando se reparte entre ciento cincuenta y posiblemente más de trescientos hombres.

. . .

Ninguno de los dos barcos opuso resistencia. También capturó premios de menor valor, como el Protestant Caesar, cargado con cincuenta toneladas de madera de tronco, pero de nuevo sin luchar, aunque el premio, no mucho antes, había luchado contra una de sus balandras hasta un empate y había escapado.

Pero ante el Queen Anne's Revenge y tres balandras tripuladas por piratas, la tripulación se negó a luchar. Dijeron que habrían luchado contra los españoles, pero no contra los piratas, aunque los piratas españoles y los guardacostas, que a menudo eran lo mismo, eran tan violentos y crueles como Barbanegra o cualquiera de su calaña.

Se trataba tanto de la imagen como de los hechos, y fue esta combinación la que dio a los piratas su fama: banderas negras y ensangrentadas, un rostro temible o un nombre famoso, una reputación de violencia y crueldad.

Sin embargo, Barbanegra tuvo un acto singular, considerado por muchos como más grande que su mayor acto de piratería, uno que selló su reputación y lo elevó a la leyenda. También fue el último.

En 1718, el gobernador de Virginia, Alexander Spotswood, consiguió el apoyo de dos hombres de guerra ingleses y envió dos balandros contratados, comandados por el teniente Robert Maynard y tripulados por marinos ingleses, para destruir al pirata Barbanegra. El famoso pirata se había refugiado en su balandra en la ensenada de Ocracoke, Carolina del Norte, y había hecho de Bath-Town su base tras aceptar la amnistía del rey. Muchos de sus admiradores y partidarios afirman hoy que ya no se dedicaba a la piratería, y en ese entonces también algunos lo hicieron, pero muchos otros en aquella época no lo creían. En su momento, algunos intentaron excusar su supuesto saqueo de balandros en el río alegando que, en sentido estricto, no era piratería porque no se producía en el mar. Pero esto es una tontería. Para los comerciantes, los armadores y las tripulaciones, un ataque a un barco en cualquier lugar era piratería. Barbanegra también fue acusado de extorsionar a los lugareños y, además, había saqueado un mercante francés, pero al parecer fingió que "era un Wrack, que habían encontrado en el mar sin hombres ni papeles". No se sabe qué ocurrió con la tripulación francesa. El Gobernador Spotswood no iba a permitir que una "Banda de Piratas" operara impunemente en la cercana Carolina del Norte, sin importar las legalidades de la jurisdicción.

Cuando las balandras de caza de los piratas se acercaron a la balandra de Barbanegra anclada en Ocracoke, los comandantes navales y piratas intercambiaron saludos y se negaron a aceptar cualquier cuartel. El enfrentamiento comenzó, al principio de forma desordenada, y luego de forma más violenta. Un par de cañonazos disparados por cuatro cañones de tres libras destrozaron las balandras de alquiler, que no tenían grandes cañones montados ni una cobertura significativa, matando e hiriendo a muchos hombres. El barco de Maynard cayó a popa, con su tripulación demasiado herida como para continuar.

Inmediatamente después, Barbanegra cortó sus cables y la batalla se convirtió en un combate a la carrera. Maynard hizo todo lo posible por mantenerse alejado de los ataques de Barbanegra y éste hizo todo lo posible por escapar con la marea. El ataque podría describirse mejor como una "operación especial naval" de principios del siglo XVIII, del tipo que hoy llevan a cabo los SEAL de la Marina (que son la mejor fuerza de operaciones especiales) y unidades similares, en la que marineros de la Armada, a bordo de balandros sin cañones y sin cobertura, realizan un asalto directo a un balandro pirata armado con cañones y cuya tripulación tenía mucha protección detrás de sus baluartes.

Pronto, la balandra de Barbanegra encalló. Maynard aprovechó la oportunidad y puso su balandro al lado del pirata. Cuando el balandro de caza de los piratas se acercó a la borda (tocando el balandro de Barbanegra), éste y su pequeña tripulación arrojaron a su cubierta cajas con botellas llenas de pólvora, chatarra, babosas y pequeños disparos, que explotaron en bolas de llamas abrasadoras y grandes volúmenes de humo, en los que el famoso pirata y sus hombres saltaron rápidamente, esperando hacer llover el terror mediante disparos de pistola y filos de alfanje sobre cualquier sobreviviente.

Pero sólo Maynard, un marinero llamado Demelt y quizás otro más estaban en cubierta cuando las granadas explotaron. Cuando Barbanegra y su tripulación pirata subieron a bordo, los hombres de Maynard salieron de repente de la cubierta, con pistolas y sables en la mano.

. . .

Según Maynard, eran trece hombres de la marina inglesa contra once piratas. Sin duda, estas probabilidades tan igualadas pesaban mucho a favor de los piratas, popularmente conocidos hoy en día como uno de los más feroces guerreros, y dirigidos por el más feroz de los capitanes piratas.

Pero no lo hicieron. Los marineros ingleses atacaron rápida y ferozmente, con alfanje y pistola en mano.

Estos hombres no eran piratas que luchaban sólo cuando no tenían otra opción, sino hombres criados y entrenados para luchar en el mar, para acercarse a un enemigo y destruirlo. A corta distancia, disparaban sus pistolas, seguramente incluso presionando algunas contra las costillas de los piratas mientras apretaban los gatillos y blandían los alfanjes sobre las cabezas, los cuellos y las extremidades, rompiendo cráneos, cortando mejillas y orejas, y atravesando las armas como pesadas cuchillas a través de una gruesa carne. Maynard se acercó a Barbanegra, al igual que Demelt y un escocés, y probablemente también otros hombres de la marina.

. . .

A su favor, Barbanegra se defendió con firmeza. Los dos comandantes se enfrentaron inmediatamente y cada uno disparó una pistola al otro; la de Maynard dio en el blanco. Sin dudarlo, los hombres se cerraron rápidamente y atacaron con sus espadas. Maynard clavó su espada en el vientre de Barbanegra. El estómago y la tripa eran los objetivos comunes de las estocadas, ya que no había costillas ni cartílagos que pudieran atrapar una hoja.

Desgraciadamente, según un relato periodístico, la hoja de Maynard se dobló en la empuñadura al golpear la caja de cartuchos de Barbanegra. Lo más probable es que Maynard lanzara su espada con fuerza contra Barbanegra, pero la hoja falló y se clavó en la caja de cartuchos de Barbanegra, que probablemente estaría hecha de cuero y forrada de madera fina, o incluso tendría un bloque de madera maciza con agujeros para los cartuchos. La espada podría haber quedado atrapada allí brevemente, permitiendo a Barbanegra golpear a Maynard mientras éste torcía el brazo hacia arriba en un intento de liberar la espada y protegerse con una maniobra de parada colgante de un contragolpe. El potente golpe de Barbanegra rompió la empuñadura de la espada de Maynard, le cortó los dedos y probablemente también dobló la hoja en la empuñadura.

Demelt atacó a Barbanegra casi al mismo tiempo, acuchillando la cara del pirata. Le siguió inmediatamente un escocés, que blandió su espada de las Tierras Altas contra el cuello de Barbanegra, cortándolo en partes. Los Highlanders eran bien conocidos por su destreza con la espada ancha y eran expertos en separar la cabeza o algún miembro del cuerpo.

Y ese día no fue una excepción. Barbanegra seguía en pie, pero no por mucho tiempo. La mayoría de sus hombres yacían ya muertos en la cubierta del pequeño balandro contratado. El montañés volvió a golpear, esta vez separando la cabeza de Barbanegra de su cuerpo. "Ningún hombre es Hércules contra la multitud", al menos no cuando se enfrenta en una batalla abierta con espadas, ni siquiera Barbanegra. Según Johnson, el pirata habría muerto con cinco "disparos" y veinte cortes de espada en la cara, el cuello y el cuerpo. Los hombres de Maynard estaban "miserablemente cortados y destrozados", pero todos los que habían luchado cuerpo a cuerpo contra Barbanegra y sus hombres seguían vivos. Ninguno de los hombres de

Barbanegra que abordaron la balandra inglesa contratada sobrevivió al combate.

Entonces, ¿qué debemos hacer con la supuesta capacidad de lucha de los piratas de principios del siglo XVIII, y especialmente del feroz luchador Barbanegra? Es cierto que los hombres de Barbanegra lucharon con valentía al final, negándose a pedir cuartel, pero su habilidad y vigor no eran nada comparados con los de los marinos ingleses que los atacaban, hombres que estaban entrenados para acercarse al enemigo y luchar contra él hasta que muriera o se rindiera.

Los piratas de la época de Barbanegra no eran los bucaneros y filibusteros del siglo anterior, que luchaban contra los españoles en batallas terrestres abiertas, saqueaban ciudades y se enfrentaban deliberadamente a poderosos hombres de guerra españoles. Los bucaneros y los filibusteros tienen parte de sus orígenes en los cazadores franceses llamados boucaniers, que combatieron a los españoles al estilo de las guerrillas en Saint-Domingue (actual Haití), y en los soldados ingleses que, maltrechos al principio, aprendieron su oficio combatiendo las tácticas guerrilleras españolas en Jamaica.

. . .

Pero los piratas de principios del siglo XVIII eran hombres que rara vez tenían que disparar más de un solo tiro para saquear su presa. A igualdad de condiciones -y según un relato, los piratas que abordaron el barco superaban en número a su enemigo-, los marineros defensores aniquilaron a la partida de abordaje de los piratas, sin sufrir una sola pérdida.

Un rostro temible

Visto de forma objetiva, Barbanegra era un marinero capaz de edad y antecedentes desconocidos (aunque un estudioso ha argumentado recientemente con cierto mérito que había nacido en Jamaica de una familia acomodada, había recibido una educación formal y había servido a bordo del HMS Windsor) que se convirtió en pirata y creó una imagen temible que hizo que su trabajo de robar a los ricos comerciantes sus inversiones y a las tripulaciones de la clase trabajadora los frutos de su trabajo fuera mucho, mucho más fácil. Pero, a pesar de su imagen, al final tuvo éxito por la misma razón que la mayoría de los piratas del periodo comprendido entre 1716 y 1724: la mayoría de las veces no había nadie para detenerlo. Pero debería haber habido.

Así que aquí lo tenemos: ¡una gran imagen temible! Barbanegra era un pirata cuyo aspecto, unido a su reputación, se dice que infundía terror a cualquiera que lo viera. Sin duda, infundía miedo en muchos corazones, pero lo mismo puede hacer cualquier marinero común convertido en pirata (o, para el caso, cualquier matón común) que te ponga una pistola en la cabeza. Sin embargo, un rostro temible puede tener suficiente efecto como para que no sea necesario un revólver en la cabeza.

Pero aquí radica el problema. Para cualquier mercante con una tripulación pequeña y un armamento ligero, e incluso para algunos con tripulaciones más grandes y mejor armamento, la visión de la bandera negra a una milla o más de distancia, junto con un buque bien armado que se acercaba fácilmente en la persecución, con lo que obviamente era un gran número de hombres en cubierta blandiendo sables y otras armas, era más que suficiente para obligar a la mayoría a rendirse. El feroz rostro de Barbanegra, y mucho más sus bandoleras llenas de pistolas, no podían reconocerse hasta una distancia de 200 a 250 yardas y habría sido difícil distinguirlo entre una tripulación numerosa. Incluso un telescopio no habría aumentado este alcance lo suficiente como para marcar la diferencia. La mayoría de los temerosos mercantes ya habrían arriado sus colores, o al menos ya se habrían resignado a hacerlo, para cuando Barbanegra estuviera lo suficientemente cerca como para ser reconocido.

Entonces, ¿por qué la imagen? ¿Por qué la de Barbanegra o la de cualquier pirata? En primer lugar, es posible que Barbanegra creyera que los marineros lo difundirían. Aun así, no había forma de saber que una bandera negra con una cabeza de muerte pertenecía a Barbanegra y tampoco a algún otro pirata. La bandera de un esqueleto del diablo apuñalando un corazón con una lanza, que a menudo se atribuye a Barbanegra, es una versión con cuernos de la bandera que llegó a conocerse como Jolly Roger, y no hay pruebas de que Barbanegra ondeara esa bandera.

La única que sabemos que Barbanegra ondeaba era una bandera negra con, según el Boston News-Letter y el London Weekly-Journal, o, el Saturday's-Post, una cabeza de muerte, que puede o no haber tenido huesos cruzados debajo o detrás: "un gran barco y una balandra con banderas negras y cabezas de muertos en ellas y otras tres balandras con banderas sangrientas", declaró el capitán del Protestant Caesar.

De hecho, los dispositivos de las banderas eran a menudo difíciles de reconocer a larga distancia. El color negro, era el aspecto más importante. Aunque Barbanegra ondeara su propia bandera reconocible, habría sido difícil distinguir los detalles y saber que era suya hasta que el buque mercante se hubiera rendido.

Lo más probable es que la imagen violenta de Barbanegra, si es que tuvo esa imagen en vida, estuviera destinada tanto a su tripulación como a su presa, o incluso más. Los piratas de esta época eran democráticos, de lo que se hablará más adelante. Los piratas votaban a sus capitanes para que ocuparan sus puestos y pudieran expulsarlos. Y los capitanes piratas tenían una autoridad limitada, excepto en la batalla.

Sin embargo, Barbanegra y un puñado de otros capitanes piratas de su época pueden haber ejercido más autoridad de la que probablemente permitían sus artículos. Algunos pueden haberlo hecho a través del miedo creado por una combinación de imagen y brutalidad ocasional, otros simplemente a través de un buen liderazgo. En el caso de Barbanegra, carecemos de pruebas para determinar su verdadero estilo de liderazgo.

Según Charles Johnson, Barbanegra era cruel, llegando incluso a encender azufre (sulfuro) y otros combustibles bajo cubierta, diciendo: "Hagamos un infierno propio, y probemos cuánto tiempo podemos soportarlo".

Asimismo, Johnson escribe que en una ocasión Barbanegra disparó al azar a su artillero Israel Hands a través de la rodilla por puro gusto. Es muy probable que estos ejemplos de brutalidad sean inventados. El comentario de Barbanegra sobre la creación de un infierno propio es muy similar al atribuido a "El Gran Pirata, el capitán George Cusack" en 1668: "¡Os haré oficiales en el infierno bajo mi mando!", dijo mientras arrojaba una Biblia por la borda. Johnson, o incluso el propio Barbanegra, pudieron haberse inspirado en Cusack, cuya historia fue contada por el autor y panfletista político Roger L'Estrange.

De hecho, este tipo de abusos solían provocar un motín contra el capitán pirata. Después de todo, algunos investigadores afirman que los piratas no eran más que marineros comunes que se rebelaban contra el comportamiento excesivo de sus capitanes mercantes en primer lugar. De ser así, ¿no se rebelarían los piratas contra capitanes piratas similares? Ned Low, por ejemplo, asesinó a uno de sus hombres mientras dormía tras un desacuerdo, por lo que su tripulación lo abandonó en el mar. Tal vez la tripulación de Barbanegra le temía enormemente, sin embargo, hay una gran fuerza en los números. Su tripulación podría haberlo destituido en cualquier momento. Se desconoce por qué no lo hicieron, dado su supuesto comportamiento abusivo. Tal vez su temible imagen sirvió de algo, pues funcionó tan bien o mejor con su tripulación que con sus presas. Incluso si este es el caso, Charles Johnson probablemente inventó los aspectos más feroces del carácter de Barbanegra. Lo más probable es que Barbanegra no fuera ni tan malvado ni tan pintoresco como Johnson lo hizo parecer.

En resumen, Barbanegra no fue, entre otros elogios, "el pirata más desagradable de la historia", como ha proclamado un productor de Hollywood. Hubo muchos hombres mucho más brutales que vivieron vidas mucho más desagradables como piratas durante mucho más tiempo que Barbanegra.

Pero la hipérbole ayuda a vender libros y películas.

Tampoco era Barbanegra probablemente el "más audaz y notorio de los piratas marítimos que infestaban las aguas costeras de las colonias inglesas del sur en el Nuevo Mundo a principios del siglo XVIII", como ha escrito el historiador Robert E. Lee. Y si lo fue, cometió pocas piraterías en general, menos aún mientras vivía en Ocracoke, y algunos de sus admiradores afirman que no cometió ninguna mientras estuvo en Ocracoke.

Es posible que se haya establecido allí para reintegrarse en la vida colonial, pero ni siquiera esto demostraría que no siguiera siendo un pirata, ya que los piratas habían sido favorecidos durante mucho tiempo en las Carolinas por los bienes y el dinero que traían.

Barbanegra ni siquiera era un "caballero de la bandera negra", como también ha afirmado el historiador Lee, a no ser que los caballeros fueran brutales bandoleros que robaban por la fuerza de las armas a otros. Pero aquí Lee puede tener involuntariamente algo de razón, ya que un buen número de caballeros eran poco más que bandidos, especialmente desde el punto de vista de los siervos que les servían y de los pobres a los que algunos caballeros robaban y ocasionalmente asesinaban.

. . .

Por lo que sabemos, es posible que Barbanegra nunca haya librado una verdadera batalla campal como pirata o como acusado de serlo, salvo una, y la perdió, su última y única pelea que importaba, cuando el teniente Robert Maynard y dos pequeñas balandras de Virginia llenas de marineros británicos voluntarios lo atacaron y derrotaron en la ensenada de Ocracoke.

La realidad es que se sabe muy poco sobre Barbanegra y otros piratas, lo que lleva a algunos investigadores y otros escritores a hacer todo tipo de afirmaciones especulativas, que incluso rozan la teoría de la conspiración. Algunos investigadores, a menudo adheridos a la ideología marxista, sostienen que los piratas no fueron sólo víctimas de la mala prensa, sino que fueron víctimas, y punto, perseguidos por atrocidades inventadas por un gobierno británico amenazado por la independencia pirática, y especialmente por la amenaza pirática al comercio y la trata de esclavos.

Sin embargo, no era así como veían a los piratas sus víctimas, e ignoran el hecho de que gran parte de la razón de la piratería de principios del siglo XVIII tenía que ver con que los corsarios se negaban a abandonar su comercio tradicional.

Y si Charles Johnson, quienquiera que fuese, tenía realmente la intención de vilipendiar a los piratas en aras de la propaganda gubernamental, el plan le salió mal, pues Barbanegra pronto se convirtió en un héroe popular. Lo más probable es que Johnson hiciera a Barbanegra más grande que la vida por la misma razón por la que los escritores y editores han mejorado a menudo las biografías y las historias de la "vida real": para aumentar las ventas del libro.

4

Barcos y presas piratas

LAS BANDERAS NEGRAS Y ENSANGRENTADAS, los sables agitados en el aire y los rostros temibles y furiosos, por más que tuvieran éxito, seguían siendo insuficientes a veces para obligar a la rendición en el mar y, sobre todo, en tierra. En estos casos, era necesaria la ejecución práctica de las armas y, dado que los piratas eran, por definición en aquella época, ladrones en el mar o desde el mar, los barcos armados eran indispensables para el objetivo pirático de obtener beneficios por la fuerza de las armas.

La imagen común del "barco pirata" y su presa es la del pirata en su galeón pirata atacando galeones del tesoro españoles, pero esta imagen de Howard Pyle y Hollywood es demasiado simplista y, francamente, más mito que sustancia. Podemos empezar a corregir este malentendido observando un tipo de ataque pirata típico de finales del siglo XVII y partiendo de ahí.

El ataque duró sólo media hora y terminó cuando el capitán Richard Sawkins corrió hacia adelante, desafiando una lluvia de disparos de arcabuces, lanzas y flechas, y con su "fuerza principal" levantó dos o tres postes del corto fuerte de la empalizada ,más bien una empalizada, detrás del cual luchaban los españoles. Arrojando el último poste, cargó a la cabeza de los bucaneros hacia Santa María, pistola y alfanje en mano.

Inmediatamente, los españoles defensores y sus aliados nativos americanos pidieron cuartel. Hasta setenta de los doscientos defensores yacían muertos, la mayoría de ellos abatidos por la certera mosquetería de los bucaneros.

Por su parte, Sawkins había recibido una flecha en la cabeza, pero pronto se recuperó, al igual que el único otro bucanero herido. Le habían disparado en la mano.

· · ·

Pero la matanza no había terminado.

Los aliados nativos americanos de los bucaneros, desahogando un largo odio hacia los españoles, cuya guarnición en Santa María había asesinado y abusado de muchos de ellos, arrastraron a muchos habitantes de la ciudad y los masacraron con lanzas. Al oír los gritos de los asesinados, los bucaneros, que en ocasiones eran culpables también de asesinato, impidieron que sus aliados sacaran a nadie más de la ciudad. Al parecer, sus aliados indios habían matado después a tantos españoles como los bucaneros durante el combate. El suelo, dentro y fuera, estaba manchado del color púrpura oscuro de un matadero.

Era el 25 de abril de 1680. Desde el 11 de abril, los bucaneros habían marchado y navegado en canoa a través del istmo de Darién, ahora conocido como istmo de Panamá, luchando a través de pantanos y montañas, imitando a Henry Morgan y sus bucaneros de once años atrás, y con el mismo propósito final: saquear la gran ciudad de Panamá.

· · ·

Tan pronto como Santa María, conocida formalmente como Real de Santa María, estuvo asegurada, los bucaneros se reunieron para celebrar un consejo. Primero eligieron a John Coxon como su general, es decir, el comandante que los llevaría a la batalla contra Panamá.

Luego vino la gran pregunta: ¿Quién atacaría a Panamá? Santa María tenía poco botín y fue una gran decepción, pero, como dijo un bucanero, "La decepción es un incentivo para la venganza, y la buena resolución el comandante del éxito".

El "hambriento apetito por el oro y las riquezas" de los bucaneros era más fuerte que nunca y Panamá era una de las ciudades más ricas del Meno español. De los 327 hombres, sólo una docena se negó, aunque el propio Coxon no estaba demasiado interesado. El nuevo Panamá era más fuerte que el viejo Panamá saqueado por Henry Morgan y quemado hasta los cimientos, y la fuerza bucanera era mucho menor que la de Morgan cuando capturó el premio. Peor aún, el gobernador de Santa María había escapado río abajo con varios cofres de oro en polvo.

. . .

Muy pronto, Panamá, a unas ciento cincuenta millas de distancia por río y mar, sería avisada de la llegada de los bucaneros.

Antes de partir en sus canoas, los bucaneros quemaron Santa María, en gran parte para pacificar a sus aliados nativos americanos. No era un gran lugar, excepto para los que vivían allí.

Un pueblo de guardias que recogía el polvo de oro extraído en el río por el trabajo forzado de los nativos americanos y lo enviaba a Panamá, no eran mucho más que pequeñas y sencillas casas de paja hechas de caña, una iglesia y un rudo "fuerte de almacenamiento".

Los españoles supervivientes suplicaron ir con los bucaneros, para que los nativos americanos no los asesinaran. Pero los bucaneros no tenían espacio y les negaron un lugar en sus canoas. Sin embargo, los habitantes los siguieron, en pequeñas balsas conocidas como "balsas" y en viejas canoas. Tenían que hacerlo, si querían vivir.

Durante un día y medio, los bucaneros, empapados por los chubascos, abrasados por el sol y asediados por enjambres de mosquitos y moscas, remaron por el río Santa María (actual río Tuira) en treinta y cinco canoas grandes y pequeñas, junto con dos piraguas (grandes canoas de uno o dos palos) hasta llegar a mar abierto. Por supuesto, esto no es en absoluto lo que esperamos de los piratas, al menos no según el mito. Deberían navegar en galeones con grandes y altas popas y galerías, dos o más cubiertas de cañones de bronce y mástiles con grandes velas ondulantes pintadas con diseños, y no atravesar los ríos en pequeñas canoas con apenas espacio para los hombres y los fusiles.

El hecho es que los piratas utilizaban los barcos más adecuados, y disponibles, para sus misiones de saqueo. Y los verdaderos galeones no sólo eran inútiles en los ríos y en aguas poco profundas, sino que, como veremos, también eran embarcaciones con las que los piratas de esta época rara vez se encontraban.

Luchando contra una fuerte corriente de marea, los bucaneros llegaron a un pequeño cayo y descansaron, como pudieron. Ya empapados por el mar que bañaba los lados bajos de sus canoas, soportaron un fuerte aguacero durante la noche. Fríos, mojados y hambrientos, por no hablar de que eran tan vulnerables como patos sentados en medio de la parte del Pacífico del Meno español, esperaron a lo que les depararía el día.

. . .

Durante cuatro días más, los bucaneros y dos de sus compañeros nativos americanos; el "capitán Andreas" y su hijo, el "rey Golden-Cap", que legitimó la invasión actuando como autoridad bajo la que los piratas hacían sus incursiones, se dirigieron de isla en isla, de martes a viernes, hacia Panamá y sus riquezas. En el camino, capturaron un puñado de barcas españolas.

Una de ellas la convirtieron en su "almirante" o barco de mando, poniendo a bordo a 137 hombres de las canoas más pequeñas y fáciles de anegar o volcar, bajo el mando de "ese artista del mar y valiente comandante" Bartholomew Sharp, como lo describió el bucanero Basil Ringrose. Casi doscientos bucaneros permanecieron en canoas que llevaban entre seis y quince hombres.

"Muerte a los demás"

El viernes por la mañana, día de San Jorge, los bucaneros llegaron a Panamá. Era una ciudad nueva, construida a algunas millas de la vieja Panamá, que fue quemada por Henry Morgan y sus bucaneros en 1671. Era una vista agradable para los bucaneros, no sólo por su anticipación sino también por su sencilla belleza española. El capitán Coxon envió la barca comandada por Bartholomew Sharp a buscar agua, de la que los bucaneros tenían una necesidad desesperada. Todos los bucaneros estaban agotados de remar y remar.

La mayor parte del transporte marítimo de la ciudad anclaba en la isla de Perico, a unas seis millas de Panamá.

Aquí se cargaba y descargaba la mercancía en los almacenes. Rápidamente, los bucaneros pusieron sus espaldas en los remos y las palas, con la esperanza de capturar los cinco grandes barcos y las tres grandes barcas que espiaban ancladas. Atacar directamente a Panamá en ese momento estaba descartado, dados los 137 hombres que faltaban en la barca de Sharp.

De repente, los tres barquitos zarparon y pusieron rumbo directo a los bucaneros. A estas alturas, las canoas y piraguas piratas se habían dispersado. Al frente de la flota de remos había cinco canoas con treinta y seis hombres. Los ciento cuarenta restantes, más o menos, iban muy por detrás, especialmente los de las piraguas, ya que eran más pesados y lentos. Rápidamente las tres barcas navegaron hacia los bucaneros. Enseguida se vio lo que eran: armadillos, o "hombrecillos de guerra", equipados en Panamá. Los bucaneros temían que las barcas, que probablemente oscilaban entre las cincuenta y las cien toneladas y cuyas cubiertas superiores se encontraban entre seis y diez pies por encima de las canoas, simplemente los arrollaran.

Rápidamente, los piratas tiraron con más fuerza de sus remos y palas, cambiando el rumbo y acelerando todo lo que podían, tratando de deslizarse alrededor de las cortezas y en el ojo del viento. Y lo consiguieron.

Ahora las barcas no podían arrollarlos y las canoas podían maniobrar a su antojo, ya que las barcas no podían navegar directamente contra el viento.

A medida que los bucaneros se deslizaban en el ojo del viento, los Piraguas tuvieron tiempo de alcanzarlos. Pero incluso ahora sólo contaban con sesenta y ocho hombres, con casi ciento treinta más en camino detrás de ellos. Sus posibilidades eran largas, si se cuentan por el número, ya que delante de ellos había tres barcas bien tripuladas. El almirante estaba tripulado por ochenta y seis "vizcaínos" o vascos, todos voluntarios, algunos de los mejores marinos y combatientes de España, y estaba al mando de don Jacinto de Barahona. La barca vicealmirante o segunda al mando llevaba setenta y siete africanos bajo el mando del oficial andaluz Don Francisco de Peralta. La barca de contralmirante o tercera al mando llevaba sesenta y cinco mestizos (hombres de sangre mixta española e indígena) bajo el mando de don Diego de Carabajal.

Eran doscientos veintiocho contra sesenta y ocho, es decir, más de tres contra uno.

Los españoles sabían lo que había sucedido cuando Henry Morgan tomó la ciudad en 1670: la saqueó y la quemó, y, según muchos, sus hombres cometieron atrocidades con los hombres y mujeres del lugar. No pensaban dejar que esto se repitiera; detendrían a los bucaneros en su camino. Sin embargo, lo peor para los bucaneros era que tenían que luchar desde canoas de poca altura. El enemigo tenía el terreno alto, que es tan peligroso en el mar como en tierra.

Los bucaneros juraron que "antes que ahogarse en el mar, o pedir cuartel al español," correrían el "más extremo" riesgo de fuego y espada." La barca de Carabajal se abrió paso entre los bucaneros y disparó salvas de fusiles a babor y estribor, hiriendo a cinco bucaneros. Pero en cuanto se disipó el humo, los bucaneros abrieron fuego, haciendo disparos dirigidos y matando a varios enemigos con su primera descarga.

No es fácil cargar y disparar un fusil, especialmente un "cañón bucanero" de largo calibre, con precisión desde cualquier canoa. Incluso tumbados para cargar, tan a cubierto como podían estar, los bucaneros seguían estando expuestos. Mientras algunos piratas disparaban, otros recargaban.

Mantenían un fuego furioso, sin tregua, obligando a los españoles a agachar la cabeza mientras cada bucanero respiraba aliviado cada vez que oía el chasquido de una bala de fusil que impactaba en la borda de una canoa en vez de en él.

. . .

Ahora navegaba el almirante español Barahona entre los bucaneros. El Carabajal se escabulló mientras los piratas dirigían su fuego de azote hacia los vizcaínos que llegaban. El capitán cayó muerto; la barca giró hacia el viento, con las velas arriadas. Los bucaneros remaron rápidamente bajo la parte trasera de la barca y abrieron fuego, una descarga tan furiosa que cortó la escota y el tirante principal de la barca, dejando el barco sin poder maniobrar, y matando a cualquier hombre que intentara tomar el timón o anudara el aparejo partido.

Mientras tanto, el capitán Sawkins, que hasta ese momento había comandado el ataque al almirante, abandonó su canoa, que quedó hecha pedazos, y abordó una Piragua. Inmediatamente, se dirigió al vicealmirante Peralta. Aquí la lucha fue aún más furiosa. Sawkins, siempre valiente, puso la Piragua al lado del barco.

Los bucaneros y los africanos españoles se dispararon furiosamente sus fusiles a corta distancia; ambos se dieron y recibieron "muerte mutua" tan rápido como pudieron cargar. Ninguno de los dos bandos quiso ceder. Tanto las balsas de las piraguas como la cubierta del barco se tiñeron de rojo.

De repente, la barca de Carabajal se acercó y cargó en ayuda del almirante. Dos canoas al mando del capitán Springer se interpusieron en su camino y abrieron fuego, intercambiando una feroz lluvia de disparos y plomo hasta que la mayoría de la tripulación mestiza resultó muerta o herida. Fue, según informó un testigo, una "sangrienta masacre". Carabajal no tuvo más remedio que retirarse. Para entonces los bucaneros se habían desplazado bien bajo la parte de atrás del barco del almirante, todavía bajo una lluvia de fuego y granadas. Aquí clavaron cuñas en el timón para que no pudiera funcionar. Barahona, dirigiendo valientemente a sus vizcaínos, cayó muerto, y con él su piloto.

Los capitanes Coxon y Peter Harris subieron al frente de sus hombres por el costado del barco. Pero los españoles seguían luchando. Harris recibió un disparo en ambas piernas, pero con la ayuda de Coxon consiguió llegar a la cubierta.

Ahora era un duelo de alfanjes y pistolas a corta distancia. Los sables se clavaron en la carne como cuchillas en la carne; las pistolas dejaron agujeros sangrientos en los hombres y quemaduras de pólvora en su ropa. El barco se rindió casi inmediatamente.

Carabajal, muy maltrecho y con pocos hombres aún capaces de luchar, había huido del lugar. Barahona estaba muerto, su tropa fue capturada. Pero Peralta y sus africanos se negaron a rendirse. Lucharon con firmeza, disparando y recargando tan rápido como pudieron. Por más que lo intentaron, los bucaneros no pudieron abordar. Tres veces Peralta y su tripulación habían derrotado a Sawkins y a la piragua desde el costado. Dos canoas bucaneras más acudieron en ayuda de Sawkins, pero Peralta y sus hombres no se rendían.

De repente se produjo una explosión a proa, que quemó a muchos de los hombres de Peralta y arrojó a algunos al mar. Una granada bucanera había encendido un bote de pólvora. Peralta, con graves quemaduras en las manos, saltó de todos modos por la borda y llevó a nado a varios de sus combatientes africanos hasta la barca, rescatándolos. Y aún así lucharon. Sin embargo, poco después explotó otro bote de pólvora y disparó varios más en la cubierta de proa.

Una espesa nube de humo flotaba sobre la cubierta y sobre las aguas de alrededor. En el aire flotaba el olor a pólvora quemada y a carne quemada. Por los costados del barco corrían pequeños ríos de sangre humana. A bordo del propio barco, "apenas se encontró un lugar libre de sangre". La valiente tripulación de Peralta estaba ahora "muerta, desesperadamente herida o horriblemente quemada". Sólo veinticinco seguían viviendo, y de ellos sólo ocho podían seguir portando armas.

La lucha había terminado. Había durado tres horas, desde media hora después del amanecer hasta bien entrada la mañana. Entre los bucaneros había once muertos y treinta y cuatro heridos. El valor español había sido extraordinario y los vencedores bucaneros los tenían en gran estima. Pero la victoria de los bucaneros fue nada menos que increíble. Superados en número por más de tres a uno y luchando desde canoas abiertas contra un enemigo en barcas más altas y con mucha mejor protección, los bucaneros se habían impuesto. Estos hombres no eran sólo piratas, sino también guerreros del mar.

. . .

Sin embargo, el virrey español atribuyó gran parte de la culpa de la derrota a los "accidentes del agua y el viento", y en cierto modo es cierto, aunque el término "accidentes" es exagerado.

Los bucaneros no sólo utilizaron su extraordinaria artillería para sacar el máximo provecho, sino que también superaron a las barcas españolas, aunque es muy posible que el viento estuviera de su lado cuando lo hicieron. Se trataba de un enfrentamiento bucanero clásico, de una canoa o embarcación pequeña contra una barca española armada, posiblemente el tipo más común de enfrentamiento pirata en el Meno español de finales del siglo XVII. Sin embargo, no se veía ningún galeón, al menos todavía.

Según un bucanero que se cree que es Edward Povey, el barco era el mismo que escapó en 1671 en el saqueo de Panamá con gran parte de la riqueza y los más ricos de la ciudad. El capitán bucanero enviado a capturarla, Robert Searles, que había dirigido el saqueo de San Agustín en 1668, estaba borracho y se dedicaba a "ejercicios lascivos", sin duda un eufemismo de violación con varias mujeres, y la dejó escapar.

. . .

Esta vez, su carga era más sencilla: vino, azúcar, dulces (trozos de fruta conservados con azúcar), cueros, jabón y harina, junto con, al menos según el virrey español, pólvora y fósforo de combustión lenta destinados a las guarniciones de Perú.

Pero también se encontraban a bordo 60,000 piezas de ocho destinadas a estas guarniciones. Teniendo en cuenta el tamaño del ejército bucanero, no era una gran suma de plata. Aun así, la cuota de cada bucanero ascendía a 247 de las monedas brutas. Fue un buen comienzo, especialmente después de la decepción de la Santa María. Los bucaneros zarparon a bordo del Trinity, después de todo, era el mejor marinero del Mar del Sur, y finalmente, tras muchos saqueos en Perú y Chile, navegaron alrededor del Cabo de Hornos y hacia el Caribe.

El Santísima Trinidad se conoce a menudo como un galeón, un tipo de barco que suele describirse como un gran buque del tesoro español bien armado, con una proa alta y una bodega repleta de las riquezas del Nuevo Mundo: oro, plata, perlas y esmeraldas, además de las más cotidianas, como madera de tronco y otras maderas tintóreas, cueros y medicinas. Los arrecifes y bajíos de Florida y las Bahamas están llenos de restos de estos grandes barcos. Pero para estos bucaneros, este premio no era un galeón. Aunque es posible que el Trinidad haya sido uno de los últimos galeones verdaderos, probablemente sólo lo era de nombre, y sólo porque había sido al menos una vez un barco del tesoro español, al que se le seguía aplicando el término, sin importar el tipo o tamaño que tuviera en realidad.

Una enciclopedia de geografía de 1683 describe el término galeón como algo que ya no se utilizaba, excepto por los italianos y, sobre todo, por los españoles, que lo reservaban para sus barcos que comerciaban desde España al Nuevo Mundo "sin tener en cuenta el tamaño o el tipo de construcción".

En realidad, aunque Exquemelin lo llama galeón, la Trinidad era más bien un gran mercante común, ya que Don Melchor de Liñán y Cisneros, virrey del Perú, se refería a él simplemente como navío-a, en lugar de fragata o galeón. También podría haber sido una gran fragata, que era un término del siglo XVII para designar un tipo de casco rápido perteneciente a un barco, a menudo un hombre de guerra, de no más de dos cubiertas que recorren toda la longitud de proa a popa. Los bucaneros que capturaron la Trinidad se referían a ella sólo como "barco", "gran barco" o "barco mayor", y la conservaban sólo porque era la mejor nave del Mar del Sur, por no decir que era un barco "bueno, fuerte y apretado". Pero incluso como un gran "galeón del tesoro", puede haber sido el único que navegó por los piratas de la Edad de Oro, de 1655 a 1725. Y no tenía ni un solo cañón a bordo.

Es casi seguro que los piratas nunca o casi nunca capturaron o navegaron en galeones reales durante la Edad de Oro, ya que el verdadero galeón dejó de existir como tipo de construcción naval después de la década de 1640, y los que quedaban habían desaparecido en su mayor parte hacia 1660, salvo unos pocos que aún se construían y se utilizaban exclusivamente en las flotas del tesoro hasta principios del siglo XVIII.

Si algún pirata del Siglo de Oro navegó en verdaderos galeones, fue sólo brevemente durante los primeros años de la época. Sin embargo, el nombre de galeón siguió utilizándose para referirse a los barcos del tesoro españoles, incluso entre los españoles, a pesar de que en la primera década del siglo XVIII era raro ver un galeón, aunque el término seguía siendo utilizado ocasionalmente por los españoles para indicar un robusto buque de guerra español.

El corsario Woodes Rogers sólo observó un barco construido "a la manera de Galeón, muy alto con galerías", entre todos los barcos españoles que encontró en el Mar del Sur en 1709, aparte de los dos galeones de Manila, y se trataba de un mercante común sin armas, no de un barco del tesoro.

Sin embargo, incluso los verdaderos barcos del tesoro españoles, cualquiera que fuera su constitución, rara vez eran atacados, excepto en el Mar del Sur. Los que pertenecían a las grandes flotas del tesoro, conocidas como la Flota y los Galeones, estaban demasiado bien protegidos, y los piratas del Siglo de Oro nunca capturaron ni uno solo, a excepción de unas pocas urcas de Honduras o sus pataches (consortes de exploración), o tal vez un barco de registro ocasional u otro pequeño barco del tesoro que navegara independientemente de las flotas del tesoro.

En cuanto a los grandes barcos del tesoro de las grandes flotas del tesoro del Atlántico, estaban bien protegidos, al igual que los galeones de Manila, lo que no quiere decir que los piratas no tuvieran su ojo colectivo en ellos: "En este consejo se determinó ir a la isla de Savona, para esperar la flota que se esperaba entonces de España, y tomar cualquiera de los barcos españoles que pudiera rezagarse del resto", escribe Exquemelin sobre Henry Morgan y su pequeña flota de bucaneros. Pero había muchos otros tipos de barcos para navegar y atacar.

5

Más allá de la vista al horizonte

Había piratas en la antigua Grecia y durante el Imperio Romano, en la Europa medieval y durante la dinastía Qing en China, incluso hoy en día, los piratas plagan las rutas marítimas del mundo, se apoderan de cargueros, portacontenedores e incluso de transatlánticos, saquean su contenido y, no pocas veces, matan a sus tripulaciones. Son distintos de los corsarios, individuos que en tiempos de guerra saquean barcos enemigos con licencia de su gobierno.

Algunos confunden a Sir Francis Drake y Sir Henry Morgan con piratas, pero de hecho eran corsarios y emprendieron sus depredaciones con el pleno apoyo de sus soberanos, la Reina Isabel y el Rey Carlos II. Lejos de ser considerados forajidos, ambos fueron nombrados caballeros por sus servicios, y Morgan fue nombrado vicegobernador de Jamaica. William Dampier era un corsario, al igual que la mayoría de los bucaneros ingleses de finales del siglo XVII.

Incluso el infame Capitán William Kidd era un corsario bien nacido que se convirtió en pirata accidentalmente, al enfrentarse a los directores de la Compañía de las Indias Orientales, la corporación más grande de Inglaterra.

Los Piratas de la Edad de Oro eran distintos tanto de los bucaneros de la generación de Morgan como de los piratas que los precedieron. En contraste con los bucaneros, eran forajidos notorios, considerados ladrones y criminales por todas las naciones, incluida la suya propia.

A diferencia de sus predecesores piratas, se involucraron en algo más que un simple crimen y emprendieron nada menos que una revuelta social y política. Eran marineros, sirvientes contratados y esclavos fugitivos que se rebelaban contra sus opresores: capitanes, armadores y autócratas de las grandes plantaciones esclavistas de América y las Indias Occidentales.

La insatisfacción era tan grande a bordo de los buques mercantes que, por lo general, cuando los piratas capturaban uno, una parte de su tripulación se unía a sus filas con entusiasmo. Incluso la Royal Navy era vulnerable; cuando el HMS Phoenix se enfrentó a los piratas en su guarida de las Bahamas en 1718, varios de los marineros de la fragata desertaron. escabullirse en la noche para servir bajo la bandera negra. De hecho, la expansión de los piratas fue impulsada en gran parte por las deserciones de los marineros, en proporción directa al trato brutal tanto en la marina como en la marina mercante.

No todos los piratas eran marineros descontentos. Los esclavos fugitivos emigraron a la república pirata en un número significativo, a medida que se corrió la voz de que los piratas atacaron barcos de esclavos e iniciaron a muchos a bordo para participar como miembros iguales de sus tripulaciones. En el apogeo de la Edad de Oro, no era inusual que los esclavos fugitivos representaran una cuarta parte o más de la tripulación de un barco pirata, y varios mulatos ascendieron para convertirse en capitanes piratas de pleno derecho. Esta zona de libertad amenazaba a las colonias de plantaciones de esclavos que rodeaban las Bahamas.

En 1718, el gobernador interino de Bermudas informó que "los hombres negros [se han vuelto] tan descarados e insultantes últimamente que tenemos motivos para sospechar que se están levantando contra nosotros y] ... tememos que se unan a los piratas".

Algunos piratas también tenían motivaciones políticas. La Edad de Oro estalló poco después de la muerte de la reina Ana, a cuyo medio hermano y futuro sucesor, James Stuart, se le negó el trono por ser católico. El nuevo rey de Inglaterra y Escocia, el protestante Jorge I, era un primo lejano de la reina fallecida, un príncipe alemán que no se preocupaba mucho por Inglaterra y no podía hablar su idioma. Muchos británicos, incluidos varios futuros piratas, encontraron esto inaceptable y se mantuvieron leales a James y la Casa de Stuart. Varios de los primeros piratas de la Edad de Oro fueron creados por el gobernador de Jamaica, Archibald Hamilton, un simpatizante de los Stuart que aparentemente tenía la intención de utilizarlos como una armada rebelde para apoyar un levantamiento posterior contra el rey Jorge. Como dice Kenneth J. Kinkor del Expedition Whydah Museum en Provincetown, Massachusetts, "estos eran más que unos pocos matones golpeando las licorerías".

Las bandas de piratas de las Bahamas tuvieron un enorme éxito. En su apogeo, lograron separar a Gran Bretaña, Francia y España de sus imperios del Nuevo Mundo, cortar las rutas comerciales, sofocar el suministro de esclavos a las plantaciones de azúcar de América y las Indias Occidentales e interrumpir el flujo de información entre los continentes. La Royal Navy pasó de ser incapaz de atrapar a los piratas a tener miedo de encontrarlos. Aunque la fragata de veintidós cañones HMS Seaford fue asignada para proteger las Islas de Sotavento, su capitán informó que estaba "en peligro de ser dominado" si navegaba contra los piratas. En 1717, los piratas se habían vuelto tan poderosos que podían amenazar no solo a los barcos, sino a colonias enteras. Ocuparon puestos de avanzada británicos en las Islas de Sotavento, amenazaron con invadir las Bermudas y bloquearon repetidamente. Carolina del Sur. En el proceso, algunos acumularon fortunas asombrosas, con las que compraron la lealtad de comerciantes, propietarios de plantaciones e incluso de los propios gobernadores coloniales.

. . .

Las autoridades hicieron de los piratas monstruos crueles y peligrosos, violadores y asesinos que mataban a hombres por capricho y torturaban a niños por placer, y de hecho algunos lo eran. Sin embargo, muchos de estos cuentos fueron exagerados intencionalmente para influir en un público escéptico.

Para consternación de los propietarios de barcos y plantaciones de las Américas, muchos colonos comunes consideraban a los piratas como héroes populares. Cotton Mather, el principal ministro puritano de Massachusetts, estaba furioso por el nivel de apoyo a los piratas entre los plebeyos "pecadores" de Boston. En 1718, cuando las autoridades de Carolina del Sur se preparaban para llevar a juicio a una banda de piratas, sus simpatizantes sacaron de la prisión al líder de los piratas y casi tomaron el control de la capital, Charleston.

"La gente se inclina fácilmente a favorecer estas plagas de la humanidad cuando tiene esperanzas de compartir su riqueza mal habida", se quejó el gobernador de Virginia, Alexander Spotswood, ese mismo año, y agregó que había muchos favorecedores de los piratas "en su colonia".

Piratas y Bucaneros

. . .

Primero pensé en escribir sobre estos piratas en particular mientras estaba sentado bajo una palmera con mi futura esposa en una isla frente a la costa de Belice, una nación centroamericana fundada por piratas y bucaneros ingleses, cuyas palabras y frases de finales del siglo XVII todavía forman parte del habla cotidiana.

Hace trescientos años, esto, como mi Maine natal, era una tierra de nadie, una costa salvaje salpicada de islas, su escasa población indígena aún no estaba gobernada por los europeos, imaginé un bauprés apareciendo alrededor del final de la isla, luego, las velas remendadas y el casco con costuras de alquitrán de un barco pequeño, sus costados perforados con portillas de armas y una bandera de calavera ondeando desde su palo mayor. El recipiente parecía bastante real, hasta el olor de la lona y la abrasiva siesta de sus gruesas cuerdas de cáñamo. La tripulación fue menos clara, un revoltijo de referencias a la cultura pop pañuelos y pendientes, un parche en el ojo para este, una pata de palo para eso, un loro en el hombro del capitán, cuchillos y botellas de ron por todas partes, decorando a hombres con sonrisas levemente siniestras.

. . .

Ladrando clichés frecuentemente puntuados por la firma "Arrr!" Al darme cuenta de que a pesar de su popularidad, a través de películas y merchandising, todavía no tenía una idea real de quiénes eran realmente los piratas.

¿De dónde vinieron, qué los impulsó a hacer lo que hicieron, cómo se deshicieron de su botín, y alguno de ellos se había salido con la suya?

No se disponía de buenas respuestas. La mayoría de los libros, películas y programas de televisión piratas continúan comerciando con los mitos piratas, sin distinguir entre eventos documentados y demostrablemente fabricados, la mayoría de los cuales tienen su origen en A General History of the Robberies and Murders of the Most Notorious Pyrates, un libro de 1724. cuyo autorescribió bajo el alias Capitán Charles Johnson. Aquellos que lo hacen, tienden a enfocarse no en los verdaderos piratas, sino en los bucaneros y corsarios de una era anterior, hombres más respetables, la mayoría de cuyas actividades fueron legalmente sancionadas. Las vidas de estos individuos -Henry Morgan, William Kidd o William Dampier- están documentadas por rastros de papel mucho más voluminosos. Quedan algunas reseñas excelentes, pero se centran en la piratería como institución, no en la vida de piratas específicos. Descubriría que el enfoque biográfico al escribir este libro plantea un conjunto de preguntas completamente diferente, que revela conexiones, motivaciones y eventos que de otro modo se perderían.

Lo que sigue se basa en material encontrado en los archivos de Gran Bretaña y América. No se ha creado ningún diálogo y las descripciones de todo, desde ciudades y eventos hasta ropa, embarcaciones y el clima se basan en documentos primarios.

Se recuperaron aspectos previamente perdidos de la historia de los piratas mediante la integración de testimonios legales y documentos del juicio; las cartas de gobernadores ingleses y españoles, funcionarios coloniales y capitanes navales: relatos en el periódico, folletos, periódicos y libros, garabatear en los libros de contabilidad de la aduana, parroquia.

Registros y los cuadernos de navegación de los buques de guerra de Su Majestad.

. . .

Al citar fuentes de los siglos XVII y XVIII, se ha aplicado la puntuación moderna y, en ocasiones, la ortografía para garantizar que sean comprensibles para los lectores del siglo XXI. Todas las fechas en el texto corresponden al calendario juliano que estaba entonces en uso en el mundo de habla inglesa; esto ha requerido restar diez u once días de las fechas en fuentes francesas y españolas, en las que el calendario gregoriano de hoy ya estaba en uso. Las fuentes originales se encontrarán en las notas al final de este libro.

Mi investigación me llevó a muchos de los escenarios incluidos aquí: Londres, Bristol, Boston, Charleston y las Bahamas.

Visité lugares de piratas en el este de Carolina del Norte, donde buzos del Departamento de Recursos Culturales del estado están explorando lo que se cree que son los restos del buque insignia de Blackbeard. Todavía se están descubriendo artefactos de otro barco pirata de la Edad de Oro, el Whydah, en las playas de Cape Cod. Me he beneficiado enormemente de las conversaciones y la correspondencia con arqueólogos e historiadores en estos y otros lugares, que continúan examinando pruebas en busca de más pistas sobre el pasado de los piratas.

. . .

Este libro cuenta la historia de la Edad de Oro de la piratería a través de la vida de cuatro de sus principales figuras. Tres eran piratas: Samuel "Black Sam" Bellamy, Edward "Blackbeard" Thatch y Charles Vane, todos los cuales se conocían. Bellamy y Barbanegra eran amigos, habiendo servido juntos bajo su mentor, Benjamin Hornigold, quien fundó la república pirata en Nassau en la isla de Nueva Providencia. Ambos también conocían bien a Vane, el protegido del rival de Hornigold, Henry Jennings, un corsario tempestuoso declarado proscrito por el rey Jorge. Vane compartía muchas de las características de su maestro: una inclinación por la crueldad y la violencia innecesarias, y una veta sádica que finalmente socavó su propia autoridad.

Bellamy y Barbanegra, siguiendo el ejemplo de Hornigold, fueron más circunspectos en su uso de la fuerza, generalmente usando el terror solo para obligar a sus víctimas a rendirse, evitando así la necesidad de violencia.

En las voluminosas descripciones de los ataques de Bellamy y Blackbeard contra el envío de casi 300 barcos en total, no hay un solo caso registrado de ellos matando a un cautivo. La mayoría de las veces, sus víctimas reportarían más tarde haber sido tratados de manera justa por estos piratas, quienes generalmente devolvían barcos y carga que no servían para sus propósitos. En el proceso, estos piratas construyeron seguidores poderosos, navegando o recreando con prácticamente todos los piratas principales de la época: el extravagante John "Calico Jack" Rackham, el excéntrico Stede Bonnet, el infame Olivier La Buse, el Paulsgrave con peluca. Williams y la pirata Anne Bonny.

En el apogeo de sus carreras, cada uno comandó una pequeña flota de barcos piratas, una compañía formada por cientos de hombres y, en los casos de Bellamy y Blackbeard, un buque insignia capaz de desafiar cualquier buque de guerra en las Américas.

Sus campañas que pronto gobernantes, comerciantes de esclavos, propietarios de plantaciones y magnates del transporte marítimo —toda la estructura de poder de la América británica— clamaban por que se hiciera algo.

Esto nos lleva a nuestro cuarto y último tema, Woodes Rogers, el hombre que la Corona envió para enfrentar a los piratas y pacificar las Bahamas. Más que nadie, Rogers puso fin a la Edad de Oro de la Piratería. No era un pirata, por supuesto, pero había servido como corsario durante la guerra más reciente de Inglaterra con Francia y España y sabía cómo pensaban y operaban los piratas.

Héroe de guerra y autor célebre, Rogers había liderado un exitoso asalto a una ciudad española, había sido desfigurado durante una batalla campal con un enorme galeón del tesoro en el Pacífico y era uno de los pocos hombres que habían dado la vuelta al mundo. A pesar de su pasado de capa y espada, Rogers no sentía simpatía por los piratas. Representaba todo contra lo que se rebelaban los piratas. A diferencia de muchos de sus compañeros, Rogers era valiente, desinteresado y sorprendentemente patriótico, abnegado devoto al rey y al país.

Mientras que muchos otros gobernadores, oficiales navales y ministros del gobierno rutinariamente se llenaban los bolsillos a expensas de la Corona, Rogers se vaciaba los bolsillos en apoyo de proyectos que creía que promoverían el bien público y el orden establecido del joven Imperio Británico. A pesar de su heroico servicio, Rogers sufriría a manos de sus superiores y colegas.

Bellamy, Blackbeard y Vane no comenzaron su sociedad pirata desde cero. Tenían un modelo a seguir en Henry Avery, un "rey pirata" que se decía que había llevado a sus compañeros de tripulación desde la opresión entre las cubiertas a una vida de lujo inimaginable en un reino pirata propio. Las hazañas de Avery se lograron mientras Bellamy, Blackbeard y Vane aún eran niños y se habían convertido en legendarios cuando eran jóvenes. Sus aventuras inspiraron obras de teatro y novelas, historiadores y escritores de periódicos y, en última instancia, los propios piratas de la Edad de Oro. El mito romántico de la piratería no siguió a la Edad de Oro, ayudó a crearla. La historia de los piratas, por lo tanto, comienza con Henry Avery y la llegada de un barco misterioso a Nassau hace tres siglos.

6

Una historia para recordar

BELLAMY - MARZO A MAYO 1717

A las pocas horas de capturar el Whydah, los hombres de Sam Bellamy anclaron el poderoso barco frente a la isla más cercana de las Bahamas, Long Island, 160 millas al sureste de Nassau. Bellamy dirigió el Sultana contra el viento y, con las velas batiendo. ordenó a los hombres que también echaran anclas. Las pesadas anclas de hierro se hundieron en el agua cristalina y, cuando el viento empujó a Sultana a sotavento, sus pesadas aletas se hundieron en la arena y el fondo del mar de coral. El barco dejó de moverse y las dos galeras estaban una al lado de la otra, una. miniatura del otro, cuando la Marianne se detuvo a poca distancia.

. . .

Los piratas que se habían apoderado del Whydah estaban felices y corteses, el capitán Lawrence Prince se sintió aliviado al descubrirlo. Algunos de ellos probablemente conocían a Prince, al menos por su reputación. Había estado en Jamaica varias veces y había estado varado allí durante meses después de que su comando anterior se hundiera en el gran huracán de 1712. Tanto John Fletcher, el intendente de Marianne, como el contramaestre de Paulsgrave Williams, Jeremiah Higgins, eran de Jamaica, y bien podrían haberlo hecho. encontrarse con Prince durante las sombrías secuelas del desastre. Podían dar fe de que Prince, a diferencia de muchos otros capitanes, trataba a sus tripulaciones de manera justa. Los piratas estaban de buen humor. Se quedaron con el Whydah, pero Prince podría tener el Sultana en su lugar, junto con £ 20 en plata y oro como gesto de buena voluntad.

Los piratas se ocuparon de transferir cargamento y armas del Sultana al Whydah, tratando de empacar la mayor cantidad posible de objetos de valor en las bodegas del barco más grande. Los artículos más valiosos, plata, oro y gemas, se almacenaban en un solo montón de bolsas en la gran cabaña del Whydah. Los piratas se jactaban ante los prisioneros de que solo este alijo valía entre 20.000 y 30.000 libras esterlinas. En el momento de la captura de Whydah.

Bellamy y Williams tenían más de 120 hombres bajo su mando, y todos y cada uno, desde John King de nueve años hasta el afroindio John Julian, tenían derecho a al menos £ 100. Además, las bodegas del Whydoh y Marianne rebosaban de marfil, índigo y otros objetos de valor. No es de extrañar que cuando llegó el momento, varios de los hombres de Prince pidieron quedarse con los piratas y fueron bienvenidos en sus filas.

Pasaron los días mientras los piratas colocaban más cañones en su lugar en la cubierta de armas del Whydah, aumentando su armamento de dieciocho a veintiocho cañones, y bajaban cañones adicionales a la bodega de Marionne. Los piratas también almacenaron cargamentos no deseados en la Sultana, de acuerdo con los deseos del Capitán Prince. Mientras se preparaban para la partida, cargaron su arsenal de tesoros en cofres y lo sacaron de la gran cabina y lo guardaron en la cubierta de armas con los hombres. Tan grande era la confianza entre los piratas, informó más tarde el tripulante Peter Hoff, que el tesoro se dejó allí "sin ningún guardia, pero ninguno podía llevarse ninguno sin el permiso del Quarter Master". Antes de izar anclas, los piratas también obligaron a dos o tres de los tripulantes solteros del Capitán Prince a unirse a ellos, aparentemente sin especialistas.

A principios de marzo, Bellamy reunió a los piratas para decidir qué hacer con su "barco de fuerza". Se acercaba la primavera, por lo que acordaron avanzar por la costa este de América del Norte, capturando barcos cuando entraban y salían de las puertas de las bahías de Chesapeake y Delaware, o de los puertos de Charleston y Nueva York. Si se separaran por el mal tiempo o eventos imprevistos, Whydah y Marianne se reagruparían en la isla Damariscove en Maine. En el camino, Williams se detendría en su casa en Block Island, Rhode Island, para visitar a sus familiares allí; probablemente deseaba darles una parte de su botín. Los piratas sabían que se podía contar con su familia extendida para comprar y deshacerse discretamente del cargamento más voluminoso de los piratas. Bellamy pudo haber revelado interés en hacer una parada similar en el Cabo Exterior, para volver con su amada, Mary Hallett.

. . .

A principios de marzo, Whydah y Marianne rodearon el extremo sur de Long Island hasta que sus baupresas apuntaron hacia Florida. Se estaban embarcando en lo que sería el crucero más desafiante de sus carreras.

Capturaron su primer premio frente a la costa norte de La Española uno o dos días después de levar anclas.

El buque mercante de tres mástiles Tanner había estado a solo unas horas del puerto francés de Petit Goave.

Cuando los piratas abordaron el Tanner, descubrieron que era un barco peculiar: un barco británico contratado a Francia, que transportaba una tripulación mixta anglo-francesa y una enorme carga de azúcar haitiana de regreso a La Rochelle, el mayor puerto comercial de Francia. Mientras buscaban objetos de valor en el Tanner, los piratas le dijeron a su tripulación que eran "hombres de Robin Hood". Al menos uno de los tripulantes del Tonner quedó impresionado. John Shuan, un marinero de veinticuatro años de Nantes, no podía hablar inglés, pero declaró en voz alta en francés que también quería ser pirata. Bellamy le transmitió órdenes a través de un tripulante bilingüe. Shuan escuchó su primera orden como pirata: subir muy alto por el aparejo del Tonner y bajar su mástil superior, esto ralentizaría el barco cuando los piratas la soltaran, haciéndole imposible dar una alarma oportuna. Shuan, ansioso por probarse a sí mismo. Corrió hasta el mástil y desarmó esta sección superior, bajándola a la cubierta con poleas. También ayudó a los piratas a encontrar 5,000 libras (208) escondidas en el camarote del capitán John Stover y, con la ayuda de un intérprete, fue recibido a bordo del Marianne. Tanner fue puesto en libertad.

Williams mantuvo el mástil del Tanner porque en este punto el Marianne estaba en mal estado. Los piratas habían estado en posesión de la balandra de cincuenta toneladas durante casi un año, tiempo durante el cual habían resistido tormentas, librado al menos una batalla seria y capturado casi cincuenta barcos. Mantuvieron su trasero limpio, lo mejor que pudieron, dando vueltas regularmente y manteniendo las áreas debajo de la línea de flotación cubiertas con pintura blanca con plomo. Sin embargo, como piratas, no habían tenido acceso a los astilleros ni a las instalaciones portuarias adecuados. Por encima de la línea de flotación, el Marianne se estaba convirtiendo en un naufragio. El borde amarillo y azul que decoraba su alcázar se estaba pelando, al igual que la pintura azul en su pie. Su único mástil se había roto justo encima de la cubierta, una herida crítica que había sido apuntalada atando un viejo mástil contra él como una tablilla en una pierna rota. Sus velas eran viejas y estaban cubiertas de parches. La vieja bandera inglesa, la cruz roja de San Jorge, ondeaba en su bauprés, bajo el cual faltaba un gran trozo de la parte superior del arco.

Williams podría reforzar aún más su aparejo lesionado con el mástil del Tanner, pero muy pronto necesitaría conseguir uno nuevo para el Marianne.

Mientras se dirigían hacia el norte a lo largo del borde sur de las Bahamas, los piratas consideraron hacer escala en Nassau, donde podrían saquear un mástil de algún botín abandonado y revisar el Marianne con seguridad. Por muy atractivo que pudiera haber sido, Bellamy y Williams desaconsejaron este curso. Si se detenían ahora, se perderían la lucrativa temporada primaveral de piratería, cuando la costa este estaba repleta de barcos tras el largo y amargo invierno. Con un barco lleno de tesoros, sería prudente evitar encuentros potencialmente conflictivos con cualquiera de los líderes rivales de las Bahamas, Benjamin Hornigold y Henry Jennings, ya que ambos tenían motivos para enfadarse con Bellamy y Williams.

Además, con un barco como el Whydah, los piratas tenían la confianza necesaria para establecer su propio puesto de avanzada pirata estacional. La Guerra de Sucesión Española. Williams les dijo que había dejado la costa de Maine en las mismas condiciones que las Bahamas.

Los indios y sus aliados franceses habían incendiado la mayoría de los asentamientos ingleses, dejando cientos de millas de costa deshabitada, incluidos innumerables fondeaderos donde una flota completa de barcos podía reacondicionarse sin que los ojos europeos los vieran.

Más importante aún, las acciones estaban cubiertas de bosques, con tantos grandes pinos que la propia Royal Navy confiaba en la región para abastecer a sus buques de guerra con brea, madera y mástiles. Williams probablemente sugirió que barren la costa este, vendan cargamentos pesados en Block Island y descansen y revisen el Marianne en la costa central de Maine. Los piratas estuvieron de acuerdo y, unos días después, vieron desaparecer a popa al último de las Bahamas.

Se quedaron lejos de la costa de las Carolinas, con la intención de hacer una línea recta hacia la entrada a la bahía de Chesapeake. A pesar de estar a más de 100 millas mar adentro, se encontraron con una pequeña balandra mercante en Newport, Rhode Island.

El capitán del balandro, el capitán Beer, se dirigía a Charleston y probablemente había optado por el pasaje exterior precisamente para evitar a los piratas que supuestamente estaban infestando el Estrecho de Florida y el Pasaje de Barlovento. En cambio, Beer se encontró cautivo a bordo del barco pirata más grande que él y sus compañeros marineros habían visto.

Beer pasó solo dos horas a bordo del Whydah, pero posteriormente escribió todo lo que había sucedido, incluida una transcripción de su conversación con Samuel Bellamy, en la que el comodoro pirata exponía las motivaciones políticas de sus acciones.

. . .

Se llevó cerveza a bordo del Whydah mientras los piratas saqueaban su balandra de carga y trataban de decidir si le devolvían el barco o no. Tanto Williams como Bellamy estaban a favor de darle a Beer su balandra, que era demasiado pequeña para ser de utilidad para ellos, pero sus hombres, sus egos inflados por sus recientes éxitos, se negaron. Bellamy ordenó que llevaran a Beer ante él para que pudiera, en tono de disculpa, darle al desventurado capitán las malas noticias.

"Maldita sea, lamento que no te permitan tener tu balandra de nuevo, porque voy a hacerle daño a cualquiera cuando no es para mi beneficio", dijo Bellamy a Beer. Maldita sea la balandra, debemos hundirla y podría haberte sido útil. El pirata se detuvo, miró al Rhode Island y su simpatía se desvaneció a cada segundo.

Bellamy miró a Beer una vez más, sopesando cuidadosamente el efecto de sus siguientes palabras.

"¿No sería mejor que nos convirtiera en uno de los nuestros", le preguntó al capitán, "y luego escabullirse tras los traseros de esos villanos en busca de empleo?" Beer tardó poco en responder. Su conciencia, le dijo al pirata ardiente en referencia al comodoro, el cual no le permitiría "romper las leyes de Dios y del hombre". Bellamy lo miró con disgusto. "Eres un granuja de conciencia diabólica, maldita sea", declaró. "Soy un Príncipe libre, y tengo tanta autoridad para hacer la guerra al mundo entero como el que tiene cien barcos en el mar y un ejército de 100.000 hombres en el campo. Y esto me dice mi conciencia ... es no hay que discutir con esos cachorros llorones que permiten que los superiores los pateen la cubierta con placer, y [quienes] depositan su fe en un proxeneta de un párroco, un pichón que ni practica ni cree lo que [les dice] a los tontos a los que les predica. "Con eso, Bellamy ordenó a Beer que se fuera. Les dijo a los tripulantes que llevaran al capitán de regreso al Marianne, para que Williams pudiera dejarlo en Block Isla. Cuando los piratas terminaron de transferir la última sidra y alimentos al Marianne, prendieron fuego al balandro de Beer. La columna de humo se podía ver desde millas a la redonda hasta que el barco se quemó hasta la línea de flotación, y las llamas fueron apagadas por el mar.

Unos días después, los piratas notaron que el cielo se oscurecía. Era principios de abril, y un banco de aire que se había calentado sobre los bochornosos arroyos y pantanos del país de Chesapeake emigró sobre el mar más frío, creando un banco de niebla tan espeso como una sopa de guisantes. Apareció tan rápido que Williams y Bellamy no tuvieron tiempo de cerrar filas y rápidamente se perdieron de vista. Los hombres de Bellamy tocaron la campana de bronce del Whydah, pero no pudieron oír ninguna respuesta del Marianne. Cayó la noche y, cuando la niebla se disipó para revelar los Cabos de Virginia a la mañana siguiente, el Marianne no se encontraba por ningún lado. Bellamy aseguró a su tripulación que alcanzarían a Williams en Block Island según lo planeado o, en su defecto, en Damariscove Island, a unas pocas millas de la costa de Maine. Mientras tanto, era hora de cazar.

Fuera de la bruma que se levantaba, se podían ver las velas en el mar: al menos tres barcos. cada uno con demasiados mástiles para pertenecer a Paulsgrave Williams.

Barcos mercantes, sospechaba Bellamy, y ordenó al Whydah que girara, de espaldas al viento, para atacarlos.

. . .

Alrededor de las ocho de la mañana, se acercaron al primero, un barco de aspecto gastado, el Agnes de Glasgow. Su capitán, Andrew Turbett, sabiamente no ofreció resistencia. Turbett se dirigía a Virginia desde Barbados, con una carga de los productos característicos de esa colonia: azúcar, melaza y, lo más importante para los piratas, ron. Hicieron otro descubrimiento en la bodega del Agnes: el barco cansado estaba goteando mucho y solo podía mantenerse a flote manteniendo a los hombres trabajando las bombas durante horas y horas. Agnes, sabían, no les sería de utilidad. El Whydah se abalanzó sobre su próximo objetivo.

Este era un barco de nieve de 100 toneladas, el Ann Galley, un barco pequeño pero útil que Bellamy sugirió que lo guardaran como un barco de almacenamiento adicional y para ayudar a calar el Whydah en Maine. La compañía estuvo de acuerdo, puso a veintiocho de ellos a bordo y nombró al intendente Richard Noland para comandar el nuevo auxiliar. Mientras tanto, el Whydah detuvo el tercer barco, un modesto barco llamado Endeavour, que navegaba desde Brighton, Inglaterra, a Virginia. Terminadas las capturas, la flota pirata se situó en alta mar, donde terminaron su saqueo. Los Agnes hundirían, enviarían a su tripulación de camino a Virginia a bordo del Endeavour, que era demasiado pequeño para sus propósitos.

Solo se conservaría la Ann Galley cuando la flota continuara su camino hacia el norte hacia Block Island, Cape Cod y su escondite en Maine.

En ese momento, la mañana del 9 de abril de 1717, el Marianne se encontraba a unos pocos kilómetros en el horizonte, frente a los Cabos de Virginia, en busca de sus propias presas. Williams ya no parecía el hijo de mediana edad de un rico comerciante. Su peluca blanca contrastaba marcadamente con su piel, tan profundamente bronceada después de un año en los trópicos que los testigos quedaron impresionados por su "tez morena oscura". Su variopinta tripulación, cinco franceses, cinco africanos, un indio y casi treinta británicos, parecía tan rudo como la propia Marianne. Williams debió haberse dado cuenta de que causaría una gran impresión en sus amigos y familiares cuando llegara a Block Island, pero estaba ansioso por verlos. Había mucho dinero para pasar a su madre, esposa e hijos, o para intercambiar con sus amigos traficantes por suministros críticos.

. . .

Desde que se separó de Bellamy, Williams no había hecho ni una sola captura. Sin la potencia de fuego del Whydah, tuvo que elegir sus objetivos con cuidado. mantenerse alejado de cualquier barco que pudiera estar bien defendido.

Mientras Marianne se escondía contra las costas montañosas de lo que ahora es Virginia Beach, el vigía de Williams vio a una probable víctima que se dirigía hacia los cabos desde el mar abierto. Con el viento a sus espaldas, los piratas cargaron y en menos de una hora estaban junto al desventurado barco, el Tryal, también de Brighton, en ruta hacia Annapolis, Maryland. Gritaron órdenes al capitán del barco desarmado, John Lucas, de que si no remaba hasta el Marianne, hundirían su barco. Los piratas sabían que Lucas no tenía más remedio que obedecer; tenía sólo siete hombres y dos muchachos contra sus cuarenta hombres y diez cañones. El Tryal giró hacia el viento y se detuvo. Lucas se dirigió al Marianne.

Todavía en busca del Whydah, Williams se tomó su tiempo para saquear. Con el capitán Lucas encarcelado en el Marianne, Williams envió a varios de sus hombres de regreso al Tryal. Durante once horas, los piratas rebuscaron en su bodega y cabañas, abriendo cofres y cajas, destrozando fardos de mercancías, guardando algunas cosas y arrojando otras por la borda. El Tryal tenía dos botes más, y una vez que los piratas los llenaron con las cosas que deseaban conservar, los llevaron remando de regreso al Marianne, volvieron a poner a Lucas a bordo de su barco y le ordenaron que los siguiera bajo pena de muerte.

Se había avistado otro barco en el horizonte y, con la esperanza de que fuera el Whydah, el Marianne puso rumbo para interceptarlo. Poco después, el viento comenzó a amainarse y el Tryal comenzó a moverse más rápido que el más pequeño Marianne. Lucas, dándose cuenta de su ventaja, hizo girar el Tryal e hizo una carrera exitosa hacia un lugar seguro.

Los hombres de Williams habían tomado todo lo que tenía valor del Tryal, pero lo último que necesitaban era que Lucas alertara a toda la región de Chesapeake de su presencia. Al interrogar a los marineros capturados, Williams supo que el HMS Shoreham, una fragata de la Royal Navy de 360 toneladas y treinta y dos cañones, estaba estacionada cerca de Williamsburg, la capital de Virginia. A partir de entonces, tendrían que moverse con precaución, para asegurarse de que no se colocaban en una posición en la que la Shoreham pudiera apuntar con sus armas contra su maltrecho balandro. Para aumentar su decepción, las velas en el horizonte se volvieron para no ser las de Bellamy. Es posible que la tripulación de Williams se haya puesto ansiosa por lo que se estaba convirtiendo en una separación prolongada del gran tesoro en la bodega del Whydah. Williams se detuvo en la desembocadura del Chesapeake durante varios días más, pero su miedo a encontrarse con el Shoreham lo hacía tímido.

Alrededor del 13 de abril, los piratas capturaron un barco inglés en Whitehaven, solo para comenzar a luchar entre ellos sobre si destruirlo. Durante esta discusión, que parece haber enfrentado a Williams contra algunos de sus oficiales, otro balandro y un barco entraron en la entrada de la bahía. Los piratas interrumpieron su lucha, dejaron su presa anclada y se internaron en la bahía en busca de estos nuevos premios. Desafortunadamente, mientras subían por la costa de Virginia, divisaron un gran barco con aparejo de fragata en la bahía de Lynnhaven y, temiendo que fuera el Shoreham, se retiraron apresuradamente, abandonando incluso su presa anclada.

Con las tensiones creciendo a bordo de su balandra. Williams decidió irse a casa. En Block Island, su empresa podía comprar suministros; la bebida y la comida fresca ayudarían mucho a mejorar la moral de su tripulación. Con un poco de suerte, encontrarían al Whydah allí.

Block Island, once millas cuadradas de arena azotada por el viento, se encontraba a doce millas de la costa de Rhode Island. La colonia de Rhode Island era notablemente más pobre y menos gobernada que Massachusetts, con pocas carreteras y una gran cantidad de contrabandistas.

Incluso su capital, Newport, seguía siendo poco más que una aldea de gran tamaño, y sus 3.000 residentes apenas habían comenzado a dar nombres a sus calles cinco años antes. Block Island era aún más rudo, un reino insular propio, lejos de los ojos, oídos y brazos de las autoridades de Newport y Boston. La primera lealtad de los isleños fue entre sí, y Williams fue uno de ellos, hijo de un terrateniente importante, hijastro de uno de los primeros colonos, relacionado por ley. sangre, o matrimonio. Era un refugio tan seguro como Williams podía pedir, salvo una colonia devastada por la guerra como las Bahamas o Maine.

. . .

El Marianne ancló frente a la aldea principal de Block Island el 17 o 18 de abril. Del capitán Beer, Richard Caverley y otros cautivos a bordo del Marianne, sabemos que Williams desembarcó para visitar a su madre, Anna Guthrie, y sus hermanas Mary Westcott, Catherine Sands y Elizabeth Paine. Probablemente les dio parte de su nueva riqueza, quizás pidiéndoles que le enviaran algo a su esposa e hijos en Newport. Permaneció en tierra durante varias horas, y posiblemente uno o dos días, con sus actividades enmascaradas en la historia por la complicidad de sus parientes y amigos.

Williams regresó al Marianne, ancló a cierta distancia de la costa y fue acompañado por siete hombres locales, incluidos sus cuñados, John Sands (el alcaide local y juez de paz) y Thomas Paine (probable sobrino del gran pirata). del mismo nombre), y uno de los rebeldes escoceses de su difunto padrastro, John Rathbon. Los hombres, según una declaración jurada que redactaron un mes después, subieron a bordo del Marianne durante "aproximadamente una hora o dos", luego subieron a un bote "sin ningún abuso" y comenzaron a remar de regreso al pueblo. Los hombres afirmaron que de repente se les ordenó regresar al Marianne, momento en el que tres de los hombres en el barco -William Tosh, George Mitchell y el Dr. James Sweet- fueron "arrebatados por la fuerza y se les ordenó subir a bordo". Dado que Sands, como juez de paz, no informó del incidente durante más de un mes, parece probable que los hombres se ofrecieran como voluntarios para unirse a los piratas, y que el negocio de los suegros de Williams a bordo del Marianne no lo haría.

Ha nacido el escrutinio oficial. Antes de salir de Block Island, Williams liberó al Capitán Beer y a sus tripulantes, quienes eventualmente viajarían a Newport para reportar su captura. Cuando Beer llegó al continente, los acontecimientos habían hecho que la noticia de Bellamy fuera irrelevante.

Williams cruzó la desembocadura del estrecho de Long Island, haciendo escala en Gardiner's Island, una isla de 3500 acres frente a la costa de Long Island, Nueva York, y la reserva feudal de la familia del mismo nombre, el Capitán Kidd, sabía Williams, había visitado la isla. en 1699 y no sólo John Gardiner y sus sirvientes indios lo habían entretenido, sino que se las había arreglado para dejar dos cofres y varios bultos de tesoros con él para su custodia. Williams pudo haber hecho lo mismo, poniendo su riqueza en las capaces manos del "tercer señor de la mansión" para su posterior recolección al final de la temporada de verano.

En la tarde del 26 de abril, el cielo se oscureció y comenzó a soplar un fuerte viento del sureste. Long Island Sound se agitó con furiosos chaparrones y poderosas ráfagas amenazaron con romper las velas remendadas y el mástil astillado del Marianne. Una terrible tormenta azotaba Nueva Inglaterra. Williams pudo encontrar refugio, probablemente ubicado detrás de Gardiner's Island y entre las dos aletas del este de Long Island. Mientras el viento aullaba a través del aparejo.

Williams estaba en un puerto seguro. En mar abierto, sabía que iba a ser una noche peligrosa.

A menos de 150 millas al este, Bellamy navegaba sobre mares suaves, empujado hacia Cape Cod por un viento favorable. El día había comenzado bien. A las nueve de la mañana, mientras aún no estaban a la vista de tierra, habían interceptado un barco de dos mástiles entre Nantucket Shoals y Georges Bank, los caladeros más productivos del sur de Nueva Inglaterra. Bellamy ordenó a la nave que se rindiera, enfatizando el punto disparando un disparo de cañón por delante de su arco. Siete de sus hombres remaron hasta el premio, el Mary Anne de Dublín, y ordenaron al capitán ya la mayor parte de su tripulación que remaran hasta el Whydah. Bellamy interrogó al capitán, un tal Andrew Crumpsley, y se alegró de descubrir que había estado de camino de Boston a Nueva York con un montón de vino. Envió a cuatro tripulantes más a hacer crujir algunas botellas para pasar por el Whydah y Ann Galley. Desafortunadamente, tuvieron algunos problemas para entrar en la bodega del Mary Anne: los pesados cables del ancla estaban apilados sobre la entrada. Por ahora, los hombres del Whydah tendrían que conformarse con las cinco botellas de vino fresco que los piratas habían encontrado en el camarote de Crumpsley. No importa, se llevarían al Mary Anne con ellos y encontrarían tiempo para saquearla más tarde. Entre las cubiertas, la moral de los piratas presumiblemente se elevó por la perspectiva de una fiesta impulsada por el vino en las costas de una isla apartada de Maine.

Primero, habría una breve parada en Cape Cod, porque después de la captura de Mary Anne, Bellamy ordenó a los tres barcos que siguieran un curso de norte a noroeste.

• • •

Esto los llevó no a las islas de Midcoast Maine, sino directamente a Provincetown y, por extensión, a Eastham.

Según los relatos sobrevivientes de los presentes, Bellamy le dijo a su tripulación que se detendrían en el Cabo para abastecerse de alimentos frescos y provisiones. Pero según el folclore de Eastham, su verdadero objetivo era reunirse con la joven señorita Hallett y mostrarle a ella y a su familia cuánto había ganado por sí mismo.

Aproximadamente a las tres de la tarde, una niebla se asentó alrededor del Whydah y sus dos presas, tan densa e impenetrable que los piratas tuvieron problemas para mantener los barcos juntos. Sin un piloto para cada uno, Bellamy sabía que sería demasiado peligroso acercarse a las traicioneras costas de Cape Cod, si su gran barco encalló en uno de los muchos bajíos sin marcar, serían presa fácil de la Royal Navy o de cualquier otra autoridad armada. A pesar de su deseo de llegar al fondeadero de Provincetown, Bellamy ordenó que los barcos se detuvieran.

Con las velas aleteando ociosamente al viento, los tres barcos se balanceaban en medio de la espeluznante niebla, esperando que mejorara la visibilidad.

No media hora después, los piratas tuvieron un golpe de suerte. A la deriva a través de la niebla, directamente en medio de ellos, llegó un pequeño balandro comercial, el Fisher, en su camino de Virginia a Boston. Claramente, el capitán del balandro conocía estas aguas lo suficientemente bien como para estar dispuesto a atravesarlas en estas condiciones; solo el hombre los piratas necesarios.

Bellamy la saludó y le preguntó "si el amo conocía aquí" la costa. El capitán del Fisher, Robert Ingols, respondió, "lo sabía muy bien". Bellamy insistió en que Ingols se acercara para liderar el camino. A las cinco en punto, Ingols y su primer oficial estaban de pie en el alcázar del Whydah bajo una fuerte guardia, aconsejando a Bellamy sobre la mejor manera de avanzar por la larga costa sin puerto del Cabo exterior.

. . .

Bellamy ordenó felizmente a sus tres premios que siguieran al Whydah mientras Ingols la guiaba a través de la niebla hacia la costa invisible.

Pronto estaría oscuro, además de brumoso, por lo que colocaron una gran lámpara en la popa de cada barco para que les fuera más fácil mantenerse al día. Continuaron hacia el norte: Bellamy en el Whydah con más de 130 piratas y la mayoría de los cautivos, Noland y diecisiete piratas en Ann Galley, la Mary Anne cargada de vino bajo el control de ocho de los hombres de Bellamy y una tripulación presa. de cuatro piratas que custodiaban a los cautivos en el Fisher.

A bordo del Mary Anne, siete de los ocho piratas fueron rápidamente a buscar los toneles de vino en la bodega.

Thomas South, uno de los carpinteros expulsados del St. Michael cinco meses antes, permaneció hosco, callado y desarmado, manteniéndose a distancia del resto de los piratas. Mientras los demás apartaban los cables del ancla apilados en la parte superior de las escotillas, South le susurró a uno de los tripulantes cautivos del Mary Anne que estaba planeando escapar de los piratas lo antes posible. Mientras tanto, el resto de los piratas seguían turnándose al timón mientras los demás abrían los primeros barriles de vino de Madeira y comenzaban lo que pretendían ser una larguísima noche de copas. No pasó mucho tiempo antes de que el Mary Anne comenzara a quedarse atrás del resto de las embarcaciones.

Bellamy, a bordo del Whydah, se dio cuenta de esto y se aflojó el tiempo suficiente para dejar que el rosa cargado de vino lo alcanzara. Gritó a los líderes de los piratas Mary Anne, Simon Van Vorst y John Brown, que "se dieran más prisa". Brown, ya borracho, juró que haría que el barco "llevara velas hasta que ella se llevara sus mástiles". Él y los otros hombres ordenaron. sus cautivos para ayudarlos a manejar las velas y, cuando se dieron cuenta de que el Mary Anne tenía un casco con goteras, para hacer el trabajo agotador de manejar las bombas.

Ellos mismos condenaron la embarcación, diciendo que "desearon no haberla visto nunca". Cuando cayó la noche, entregaron el timón a uno de sus cautivos, liberando a otro pirata para la tarea crítica de beber vino.

. . .

Brown se declaró capitán, mientras que otro pirata, Thomas Baker, comenzó a presumir ante los cautivos.

diciéndoles que su empresa tenía una comisión de corsario de King.

El propio George, "Lo llevaremos hasta el fin del mundo", intervino Van Vorst.

Alrededor de las diez de la noche, el clima comenzó a ponerse feo. Empezaron a caer fuertes ráfagas de lluvia, el cielo completamente negro fue destrozado por los relámpagos.

Lo peor de todo es que el viento había cambiado de modo que venía del sureste y del este, conduciendo los barcos hacia la costa invisible de Cape Cod. Los piratas borrachos a bordo del Mary Anne pronto perdieron de vista los otros barcos. Baker, tal vez angustiado, comenzó a maldecir al cocinero de Mary Anne, Alexander Mackconachy, que estaba al mando y aparentemente la había llevado más cerca de tierra. Él "no haría más por dispararle, luego lo haría con un perro", aulló Baker, mosquete en mano. "¡Nunca irás a la costa para contar tu historia!"

. . .

Poco tiempo después, la orilla se presentó como si reprendiera a Baker. El Mary Anne ahora estaba siendo azotado por mares de veinte a diez metros, que rompían en cascadas de espuma a su alrededor. Todos se dieron cuenta de que podían encallar en cualquier momento y ser aplastados por el mar embravecido. Mackconachy rogó a los piratas que la hicieran girar, se inclinaran hacia la playa, para darle la mejor oportunidad de sobrevivir a la inevitable colisión con el fondo.

Justo después de haber girado alrededor del Mary Anne golpeado, sacudiendo violentamente el casco y haciendo que los toneles de vino cayeran por las cubiertas. Baker agarró un hacha y comenzó a cortar sus mástiles, ya que derribarlos reduciría la tensión en el casco crujiente. Con dos de los tres mástiles caídos, otro de los piratas gritó aterrorizado: "¡Por el amor de Dios, bajemos a la bodega y muramos juntos!" Los hombres, cautivos y piratas por igual, se apiñaron en cubierta y en la bodega, esperando morir ahogados en cualquier momento. Los piratas analfabetos le rogaron a Mackconachy que leyera el Libro de Oración Común. Mientras escuchaban las oraciones con el acento gaélico del cocinero, un relámpago brilló en el cielo, el viento gritó a través de los aparejos y el casco de madera se estremeció en el oleaje.

Las tripulaciones de los otros barcos premiados estaban más sobrias y, posiblemente como resultado, más afortunadas. A medida que avanzaba la tormenta, Richard Noland en Ann Galley perdió de vista la linterna del Whydah, pero se mantuvo cerca del pequeño Fisher. Las olas montañosas los empujaban hacia los rompientes, que podían oír chocar en la orilla desierta del Cabo. Noland se dio cuenta de que su única oportunidad era echar anclas y esperar que los grandes anzuelos de Irán se mantuvieran lo suficientemente firmes como para mantenerlos fuera de la playa hasta que amainara la tormenta. Hizo girar el Ann y los hombres arrojaron las anclas por la borda. Gritó y gesticuló al Fisher para que hiciera lo mismo. En ambos barcos, piratas y cautivos observaron ansiosamente cómo los cables del ancla se agitaban, se endurecían y, milagrosamente, detenían los barcos de madera a unos cientos de metros de la playa. Si las oraciones se decían durante la noche, sin duda iban dirigidas a las anclas, aferrándose al fondo arenoso como el Atlantic desahogó su furia. Unas millas al norte, el Whydah también era conducido inexorablemente hacia la costa.

· · ·

A medida que los enormes mares lanzaban el barco cada vez más cerca de las olas rompientes, Sam Bellamy bien pudo haber recordado los naufragios de la flota del tesoro española, grandes cascos convertidos en llamas por violentos vehículos impulsados por tormentas. Bellamy sabía dónde estaba. En destellos de relámpagos, pudo ver los grandes acantilados de Eastham asomándose a treinta metros por encima de las olas que estallaban. Chocaron aquí, habría pocos supervivientes. El oleaje llegó casi hasta los pies de los acantilados, que se elevaban precipitadamente hasta las mesetas, esa llanura escasamente habitada y azotada por el viento que separa a los habitantes de Eastham y Billingsgate del mar. A medianoche, supo que las anclas de media tonelada del Whydah eran la única esperanza de salvarla.

Los hombres lucharon por seguir la orden mientras las olas rodaban sobre la cubierta. Los timoneles, con los pies bien separados, hicieron girar el timón, poniendo la proa del gran barco cara a cara con el viento. Las anclas chapotearon en el agua y sus pesadas cuerdas empezaron a desenvolverse. Todos contuvieron la respiración mientras las líneas crecían enseñadas. Es posible que haya habido una pausa momentánea, ya que el Whydah dejó de desplazarse brevemente hacia el caos espumoso detrás de ellos, pero luego pudieron sentir que las anclas se arrastraban. El Whydah estaba condenado.

Había una última oportunidad de salvar a la tripulación, de hacer lo mismo que habían hecho los hombres del Mary Anne. Tuvieron que intentar llevar el barco a tierra con gracia, primero con la proa, con la esperanza de llegar lo suficientemente lejos a través del oleaje violento como para darle al nadador alguna esperanza de llegar a tierra. Bellamy les gritó a los hombres que cortaran los cables del ancla. Tan pronto como cayeron los últimos golpes de sus hachas - las gruesas cuerdas del ancla se soltaron – provocando una reacción inmediata. Bellamy ordenó a los timoneles que la hicieran girar completamente hacia atrás y que corriera de cara a la playa. Pero el barco no giró.

Todos observaron aterrorizados cómo el barco se deslizaba hacia atrás, primero con la popa, sobre olas de diez metros hacia el blanco y brumoso caos al pie de los acantilados.

El Whydah encalló con una fuerza impactante. La sacudida probablemente disparó a cualquier hombre en el aparejo hacia el oleaje mortal, donde fueron golpeados alternativamente contra el fondo del mar y luego arrastrados hacia atrás lejos de la playa por la resaca. Cannon se liberó de sus tackles y corrió por las cubiertas inferiores, aplastando a todos a su paso. Un pirata fue arrojado por la cubierta con tanta fuerza que el hueso de su hombro quedó completamente incrustado en el mango de una tetera de peltre. El pequeño John King, el pirata voluntario de nueve años, estaba aplastado entre cubiertas, todavía con las medias de seda y los zapatos de cuero caros con los que su madre lo había vestido a bordo del Bonetto meses antes. En quince minutos, el violento movimiento de las olas hizo que el palo mayor del Whydah se cayera por la borda. Las olas rompieron sobre las cubiertas y el agua se precipitó en el alboroto de los cañones y los barriles de carga que se estrellaban debajo de las cubiertas. Al amanecer, el casco del Whydah se rompió, arrojando tanto a los vivos como a los muertos al oleaje.

A medida que la tormenta avanzaba a lo largo de las horas de la mañana, la marea menguante dejó más y más cuerpos amontonados en la orilla. En medio de los cadáveres hinchados y destrozados, solo dos hombres se movieron. Uno era John Julian, el indio mosquito que había servido con Bellamy a bordo de sus periaguas. El otro era Thomas Davis, uno de los carpinteros expulsados del St. Michael. Samuel Bellamy y otros 160 hombres piratas y cautivos, blancos, negros e indios habían perecido en la tormenta.

Diez millas al sur, los piratas a bordo del Mary Anne estaban agradecidos de estar vivos. Al amanecer pudieron ver que habían encallado en una isla medio ahogada en medio de una pequeña bahía protegida. La tripulación del Mary Anne probablemente reconoció el lugar: la isla Pochet, al sur de Eastham. Con la marea baja, la mitad del Mary Anne yacía alto y seco contra la isla, y los hombres podían desembarcar sin mojarse los pies. Se quedaron varias horas en la playa, comiendo dulces y bebiendo más vino.

Aproximadamente a las diez de la mañana, dos lugareños que habían notado el barco hundido remaron en una canoa y llevaron a los náufragos al continente.

Los lugareños, John Cole y William Smith, aparentemente no sospecharon, cuando los piratas entraron en acaloradas discusiones en una mezcla de inglés, francés y holandés. Podían oír que varios de los marineros náufragos querían llegar a Rhode Island lo más rápido posible, presumiblemente para buscar refugio entre la gente de Williams. Los demás parecían más apagados, sentados en silencio junto al fuego en la casa de John Cole hasta que, de repente, uno de ellos habló. Este era Alexander Mackconachy, quien soltó que los otros ocho eran piratas despiadados, miembros de la infame compañía de "Black Sam" Bellamy. Los piratas sabían que era hora de irse. Se despidieron de la familia atónita de John Cole y se apresuraron a salir a la lluvia.

Llegaron hasta Eastham Tavern antes de que el juez de paz John Doane y sus hombres los alcanzaran. Alertada por John Cole, Doane se dirigió directamente a la taberna, uno de los pocos lugares donde los extraños podían conseguir caballos. Pronto Doane tuvo a todos los piratas y cautivos de Mary Anne bajo guardia armada, caminando por el camino embarrado hacia la cárcel de Barnstable.

Los piratas a bordo del Ann Golley y el Fisher tuvieron más suerte que el resto.

Por buena fortuna, o quizás por la ligereza de sus barcos, sus anclas sostuvieron durante la noche. A las diez de la mañana, la lluvia seguía cayendo en forma de hojas, el viento cambió de dirección hacia el oeste, alejándose de la tierra en lugar de entrar en ella. Con gran alivio, Noland ordenó que se izaran las velas y las anclas. Con el viento a sus espaldas, se alejaron de las olas, rumbo a la costa de Maine, donde esperaban encontrar el Whydah y su tesoro.

Diez millas de distancia. Noland decidió que era hora de deshacerse del Fisher, los piratas trasladaron a toda la tripulación y los objetos de valor a bordo del Ann y dejaron al Fisher flotando en el mar abierto, sin tripulación y con las escotillas abiertas a la tormenta. Dos días después, el 29 de abril, el Ann echó anclas al sotavento de Monhegan Island, una isla alta y rocosa a diez millas de la costa de Maine. Monhegan había sido habitada por ingleses de forma intermitente desde 1614, y fue el sitio de una de las nuevas primeras estaciones de pesca de Inglaterra durante todo el año. Pero en ese ventoso día de 1717, puede que no hubiera nadie en la isla para saludar a los piratas. La mayoría de los asentamientos de Maine habían sido destruidos por los indios Wabanaki, que eran aliado con los franceses.

Las porciones central y oriental de la costa todavía estaban impugnado por Francia y Gran Bretaña, incluidas Monhegan y otras islas cercanas a la costa como Damariscove y Matinicus. Monhegan tenía suministro de agua y fácil acceso a algunos de los mejores caladeros de bacalao de América. Puede que le falte un acogedor puerto, pero para los forajidos en fuga, era un lugar seguro para quedarse y esperar a Whydah, Marianne y Mary Anne para llegar.

Pasaron los días, sin rastro de ellos. Noland y los demás hombres empezaron a temer lo peor, que eran todo lo que quedaba de la mayor flota pirata de América.

Thomas Davis, uno de los dos supervivientes del naufragio de Whydah, se había arrastrado fuera de las olas y, temblando y exhausto, tropezó en la oscuridad en busca de refugio. Caminó un poco por la playa, azotado por la lluvia, acantilados de arena infranqueables que lo acorralaban contra el mar. Iluminado por relámpagos, el muro de arena parecía extenderse eternamente en ambas direcciones. Solo había una forma de escapar. Davis comenzó a trepar.

Afortunadamente, era un hombre joven, de veintidós años, y presumiblemente gozaba de buena salud, ya que, a pesar del frío y el cansancio, de alguna manera logró llegar a la cima de la pared de arena de 30 metros. Debió de haber descansado un poco en la cima, una llanura de hierba espeluznante que se extendía ante él en la niebla.

Detrás de él, en el oleaje, los restos destrozados del Whydah destellaron en el relámpago como una aparición fantasmal. Finalmente se tambaleó hacia adelante, temblando con el viento y la lluvia, lejos del mar. A las cinco de la mañana, Davis finalmente llegó a la finca de Samuel Harding, a dos millas del lugar del naufragio. De alguna forma, Davis relató su historia al nativo de Eastham. Harding debió de aguzar el oído cuando se enteró del naufragio, porque casi de inmediato recuperó su caballo. Davis, medio ahogado, se encontró atrapado de espaldas y el granjero lo condujo a la playa.

Harding rodeó los acantilados y, guiado por Davis, se dirigió al lugar del naufragio. Las dos mitades del Whydah ya se habían separado, golpeadas cada vez más por la tormenta, y partes del barco, la carga y la tripulación estaban extendiéndose a lo largo de la base del acantilado.

. . .

Amarraron cualquier cosa de valor al caballo y, completamente cargados, regresaron a la granja de Harding. Harding inmediatamente se dio la vuelta y repitió el viaje, varias veces durante las primeras horas de la mañana.

A las diez de la mañana, Harding se reunió con su hermano Abiah, los vecinos Edward Knowles y Jonathan Cole, y otros siete hombres, recogiendo objetos de valor lo más rápido posible, sabiendo que las autoridades podrían llegar en cualquier momento. Es posible que hayan revisado el creciente número de cadáveres azotados por la tormenta que se amontonan en la playa, más de cincuenta esa tarde, aliviando a los muertos de botones y hebillas de plata, joyas y monedas. Resultó que tenían mucho tiempo. El juez de paz de Eastham, Joseph Doane, estuvo atado durante todo el día, interceptando y arrestando a la tripulación del Mary Anne en el otro lado de la ciudad y escoltándolos a Barnstable. Doane no llegó al lugar del naufragio hasta la mañana siguiente, el domingo veintiocho, momento en el que descubrió que "todo había perdido valor". Doane afirmó más tarde que luego "ordenó a los habitantes de la zona que" guardaran lo que pudieran para el rey ", mientras que el suegro del forense local Jonathan Cole supervisó el entierro de sesenta y dos hombres ahogados, recogiendo" varias cosas pertenecientes a al [Naufragio] "en el proceso.

El valor total de los artículos reservados para el rey llegó a solo £ 200, lo que sugiere que muchos miles de libras de objetos de valor llegaron a manos de la buena gente de Eastham. En un par de días, doscientas personas, la mayoría de los habitantes sanos de la ciudad, estaban saqueando los restos del naufragio, cortando trozos de vela y sacando "riquezas de la arena".

Más tarde se informó a las autoridades enviadas desde Boston sobre un hecho extraño. El lunes veintinueve, menos de tres días después del naufragio del Whydah, un "balandro muy grande" llegó de la playa. El misterioso barco se acercó al trozo más grande del Whydah y luego hundió un barco en el agua. Varios de sus tripulantes remaron y examinaron los restos maltratados por el clima. Ahuyentó a varios barcos de pesca locales antes de zarpar hacia mar abierto. Las autoridades coloniales asumieron que había sido la consorte de Whydah, un error que pasaron a la historia.

. . .

El 29 de abril, Paulsgrave Williams estaba a 140 millas al sureste, buscando premios cerca de la entrada de Long Island Sound, aún sin darse cuenta de la destrucción del Whydah.

El día anterior, su compañía había saqueado un balandro de Connecticut, tomando tres fanegas de sal y dos de sus marineros. Uno de los marineros, Edward Sargeant, conocía bien el área inmediata y se vio obligado a actuar como su piloto cuando acechaban en las aguas entre Montauk y Martha's Vineyard. Desafortunadamente, no hubo capturas ese día y durante varios días después de eso, causando mucha insatisfacción entre la tripulación.

El 3 de mayo, cerca de la isla desolada llamada No Man's Land, al sur de Martha's Vineyard, tomaron dos balandras comerciales desde Carolina del Norte. Se apoderaron de los artículos de Hannah y Mary para ayudar en la revisión del Marianne y de un hombre de Devonshire que vivía en Boston y que podía guiarlos de manera segura por Cape Cod y hasta Maine. El segundo balandro, un barco más pequeño de Portsmouth, New Hampshire, no tenía nada de valor. Tales miserables ganancias no podrían haber apaciguado a la tripulación; Indudablemente, las quejas continuaron ya que Marianne no logró atrapar ningún premio que valiera la pena. Pasó otra semana, luego dos, todas sin botín. En este punto, navegaron directamente hacia Maine, donde esperaban encontrar a Bellamy y al Whydah: Un comandante de confianza y un barco imparable arreglarían las cosas.

Guiada por su piloto cautivo, el Marianne se mantuvo lejos de la costa de Cape Cod en un rumbo recto hacia Cape Elizabeth, un promontorio prominente en el sur de Maine que se podía ver a kilómetros de distancia en el mar. No tenían forma de saber que en ese mismo momento el Whydah yacía esparcido en el oleaje justo sobre el horizonte occidental.

Al mediodía del 17 de mayo de 1717, a unas setenta y cinco millas de la costa, interceptaron un balandro de pesca, el Elizabeth, con destino a Salem, Massachusetts, a los grandes caladeros de bacalao de Georges Bank. No había oro en este miserable premio, por supuesto, solo dieciséis enormes barriles llenos de sal, cebo y comida. El balandro era pequeño, pero Williams pensó que tenía aproximadamente el tamaño adecuado para ayudar a que el Marianne cayera cuando finalmente encontraron el camino a Damariscove. Los piratas obligaron al capitán del Elizabeth a subir a bordo, pusieron algunos de los suyos en el balandro de pesca y continuaron hasta Maine.

Después del amanecer del domingo dieciocho. Los hombres de Williams divisaron el audaz contorno del cabo Elizabeth.

Como su piloto no sabía el camino a Damariscove, los piratas decidieron navegar el Marianne directamente al puerto más cercano para secuestrar a un marinero local.

En unas pocas horas llegaron a anclar entre el cabo Elizabeth y la isla de Richmond, donde los muelles y los detritos asociados de una estación de pesca de setenta años los miraban sin comprender. Los pescadores de la estación se habían marchado hacía mucho tiempo, pero había una granja en la costa continental, un pequeño balandro anclado en el puerto y uno o dos botes abiertos se detuvieron en la playa sembrada de algas. Ciertamente, razonó Williams, aquí se podía encontrar un piloto.

. . .

En la casa de campo, Dominicus Jordan podía oler problemas. Había nacido en las orillas del pequeño fondeadero, pero había visto más guerras y violencia que la mayoría de los piratas. Al comienzo de la Guerra de Sucesión española, una banda de indios había ocupado la casa fortificada de sus padres; El padre de Dominicus, un gigante de un hombre de temible reputación, atravesó con un hacha la cabeza de un indio. Los otros indios mataron al padre y llevaron a Dominicus, de diecinueve años, a su madre ya cinco hermanos menores al cautiverio en el desierto canadiense.

La familia pasó los siguientes trece años con los indios, aprendiendo su idioma y muchas de sus costumbres, antes de ser liberada en 1715. Dominicus echó un vistazo a la balandra de guerra fuertemente tripulada y supo lo suficiente como para escapar. Agarró a su esposa y a su hijo de tres años y, con los sirvientes, huyó al bosque.

Los hombres de Williams pasaron el día y la noche en Cape Elizabeth, hurgando en las posesiones de los Jordan.

. . .

En un momento, los piratas detuvieron un desventurado barco pesquero que había entrado en el fondeadero. Uno de los pescadores admitió conocer el camino a Damariscove y Monhegan y fue puesto en servicio como piloto. Su joven ayudante fue liberado en tierra y corrió por el bosque para alertar al pueblo más cercano, Falmouth, de la presencia de los piratas.

Esa tarde navegaron treinta millas hacia el este hasta la isla Damariscove, frente a lo que ahora es el puerto de Boothbay. Damariscove, una isla larga y rocosa con una cala acogedora enclavada en su extremo sur, había sido una cita para los pescadores durante más de un siglo.

Después de la devastación de las guerras indias, la isla estaba desocupada, aparte quizás de visitas ocasionales de pescadores que necesitaban un lugar para dormir después de un largo día sacando bacalao de cuatro y cinco pies de largo de las frías aguas del Golfo de Maine. . Anclado de forma segura en la cala, las cimas de los mástiles del Marianne estaban casi ocultas a la vista por las crestas de zarzas que se elevaban a cada lado. De hecho, era un lugar seguro para esconderse, descansar y reparar el balandro. Sin embargo, del Whydah no había ninguna señal de que alguna vez hubiera agraciado la isla con su presencia.

Williams se quedó en Damariscove durante cinco días, esperando en vano que Bellamy apareciera de repente, con el barco y el tesoro intactos. Hizo todo lo posible para poner el Marianne en forma, descargar su cargamento, sacar su mástil roto y volcar la parte inferior de su casco.

Los que no estaban trabajando se reunieron en la playa grave en la cabecera de la ensenada, haciendo un inventario lúgubre de su miserable tesoro: diez cañones; algunas fianzas de lana y tela de lino: un poco de hierro recogido, algunos barriles de comida, sal y agua.

A medida que pasaban los días y se hacía más claro que el Whydah no vendría, la imagen del gran montón de oro y joyas apiladas en su bodega debió perseguir a los hombres cansados.

. . .

Aunque estaban a quince millas de Monbegan. La compañía de ams aparentemente nunca se encontró con sus compañeros piratas en el Ann Golley y el Fisher. Al igual que la tripulación del Marianne, Noland y compañía se habían quedado en las islas exteriores de Midcoast Maine durante un tiempo, reparando sus barcos y saqueando los pequeños barcos de pesca que se cruzaban en su camino. Estos piratas. íntimamente consciente de los peligros que la tormenta había presentado para el Whydah, había probablemente ya perdió la esperanza y se dirigió al sur en busca de la seguridad de las Bahamas. El 23 de mayo, Williams también se vio obligado a aceptar que su amigo se había perdido la cita.

Con un presentimiento, la tripulación votó para iniciar el largo y peligroso viaje de regreso a Nassau. Navegaron hacia el sur hasta Cape Elizabeth, donde soltaron al Elizabeth y los otros barcos pesqueros, y luego pusieron rumbo a Cape Cod.

A última hora de la mañana del día veinticinco, a la vista de la punta de Cape Cod, los hombres de Williams finalmente se enteraron del destino del Whydah. El portador de la mala noticia fue Samuel

Skinner, capitán de la goleta Swallow de Salem, Massachusetts, a quien los piratas detuvieron en la bahía de Massachusetts. La destrucción del Whydah estaba ahora en boca de todos, desde Portsmouth hasta Newport y más allá, podría haberles dicho Skinner y publicado en las páginas del Boston News-Letter. El Whydah, el tesoro y el amigo y cómplice de Williams habían desaparecido, destruidos por el propio mar. Williams, presumiblemente recuperado de la noticia, soltó el Swallow y salió de la bahía.

En Boston, la ciudad más grande del continente americano británico, la destrucción del Whydah había traído poco consuelo. Cada poco tiempo, llegaba otro barco a los puertos de Nueva Inglaterra con relatos de ataques piratas: barcos de pesca en Maine y el golfo abierto; balandras comerciales de Connecticut, Rhode Island, Martha's Vineyard y el Cabo. Por primera vez desde el estallido de la piratería, ningún lugar de las aguas de Nueva Inglaterra parecía estar a salvo de los hombres de bandera negra.

El gobernador de Massachusetts, Samuel Shute, puso a la colonia en pie de guerra. Incapaz de confiar en la seguridad de las rutas marítimas, ordenó que los nueve piratas supervivientes fueran transportados por tierra desde Barnstable a Boston "bajo una fuerte guardia y suficientemente atados de ... condado a condado y de sheriff a sheriff". Durante los primeros días después del naufragio, Boston permaneció sin protección naval. Incluso después del 2 de mayo, cuando la fragata de quinta categoría HMS Rose finalmente llegó de las Indias Occidentales, Shute seguía preocupado por la seguridad del comercio.

El día nueve, envió la fragata a Cape Cod, donde pasó casi tres semanas patrullando en busca de piratas, incluido un día fuera del lugar del naufragio. La noticia del desembarco del Marianne en Cape Elizabeth llegó al gobernador el 21 de mayo y lo desconcertó lo suficiente como para ordenar el cierre del puerto de Boston durante una semana. Armó un balandro, el Mary Free Love, y la envió como corsario para cazar a Williams y Naland.

Incluso permitió que el capitán del Rose presionara a veinte de los hombres de Boston, para asegurarse de que los piratas no lo abrumaran mientras patrullaba la costa. Toda Nueva Inglaterra estaba al filo de la navaja.

. . .

Nadie estaba en mayor estado de miedo que los propios piratas cautivos. Habían llegado a Boston el 4 de mayo y marcharon colina arriba, pasando por el Town House, y luego arrojado a las jaulas de la decrépita prisión de Boston. Además de los siete hombres del Mary Anne, los prisioneros incluían a Thomas Davis y John Julian, que habían sido detenidos por el juez Doane antes de que se alejaran de la playa. Poco después, Julián fue separado del resto, destinado, a fuerza de su piel oscura, al mercado de esclavos. Es posible que los otros ocho prisioneros hayan deseado por primera vez no ser blancos, porque a menos que algunos de sus colegas vinieran a Boston para liberarlos, todos sabían que era probable que murieran en la horca. Tal vez esperaban, mientras yacían en sus jaulas, que sus hermanos en las Bahamas se habían enterado de su destino y acudían al rescate.

Conclusión

Este libro es una mezcla de historias e información y, como tal, se ha beneficiado del trabajo de generaciones de historiadores, archiveros, genealogistas, escribas y escribas. Nuestra comprensión de la Edad de Oro de la piratería se vería empobrecida si John Campbell no hubiera fundado el Boston News-Letter en 1704 y hubiera decidido cubrir las actividades de los piratas en los años posteriores a la Guerra de Sucesión Española.

Algunos de estos despachos se dirigieron a Londres, donde se unieron a las cuentas de los gobernadores y otros funcionarios coloniales en los archivos del Consejo de Comercio y Plantaciones y del secretario de Estado para América y las Indias Occidentales.

Conclusión

Los capitanes de los buques de guerra de la Royal Navy también recopilaron información de inteligencia sobre los piratas, y sus cartas y cuadernos de navegación finalmente se entregaron al Almirantazgo. Cuando las autoridades coloniales lograron capturar piratas, generalmente se enviaban a Londres copias de los juicios resultantes. Allí, gran parte de esta montaña de información se puso a disposición del autor anónimo de A General History of the Pyrates, cuyo relato aún domina el discurso sobre los piratas de las Bahamas, casi tres siglos después de su publicación.

La Historia General sigue siendo un impresionante trabajo de erudición, integrando hábilmente registros documentales con material claramente recopilado de entrevistas con Woodes Rogers y otros directores. Sin embargo, está plagado de errores, exageraciones y malentendidos, la mayoría de los cuales no se detectaron hasta el siglo XX, cuando los historiadores finalmente se dispusieron a revisar los registros originales por sí mismos, los eruditos británicos Sir John William Fortescue (1859-1938) y Cecil Headlam (1872-1934) pasó años reuniendo los volúmenes relevantes de Calendar of State Papers, Colonial Series, que contienen extractos y resúmenes de muchos de los documentos más importantes de los archivos británicos.

Conclusión

También se ha obtenido beneficio del consejo, la generosidad y el aliento de varios de los eruditos piratas más importantes del mundo. Los miembros del mismo ayudaron a localizar muchas fuentes difíciles de encontrar y compartió su experiencia de primera mano al realizar investigaciones en los nuevos Archivos Nacionales.

Gracias a toda la información y ayuda para lograr llevar este libro a buen puerto, se ha logrado concretar un texto de alta calidad, capaz de exponer de gran manera buenas historias referentes a los piratas, y las características únicas que los hacen esos personajes tan históricos y aclamados por los aficionados.

www.ingramcontent.com/pod-product-compliance
Lightning Source LLC
Chambersburg PA
CBHW072019070526
44583CB00015B/1539